人は自分が期待するほど、自分を見ていてはくれないが、がっかりするほど見ていなくはない

見城 徹
幻冬舎代表取締役社長
藤田 晋
サイバーエージェント代表取締役社長

講談社

まえがき

藤田　晋

昨年刊行した、見城さんとの共著『憂鬱でなければ、仕事じゃない』は、十八万部のベストセラーとなりました。発売前、僕は比較的年配の人に受け入れられるのではと予想していました。義理や人情をテーマにした内容が多かったので、今の若者はそういったことが苦手ではないかと思っていたからです。ところが蓋《ふた》をあけてみると、非常に幅広い読者の支持を得ました。そして反響が大きかったのは、むしろ若い世代のほう。とりわけ二十代、三十代ばかりで構成されているサイバーエージェントの社員は、共感してくれる人が多かったです。

あれからちょうど一年。再び、見城社長との共著を刊行することになりました。

この企画は、前作が売れたことによって、急遽《きゅうきょ》浮上した訳ではありません。前作の完成が近づいた頃には次回作の話になり、発売する頃には収録するテーマの大半は決まっていました。

前作が「はじめまして」といった自己紹介風の内容だったとすると、今回はより本質的なところに踏み込んで書けたと思います。

原稿の進め方も、前回の経験を踏まえて少し変え、あえて、二人での打ち合わせを控えました。目の前で見城さんの話を聞くと、自分の意見が流される恐れがあると考えたからです。今回は先に見城さんが原稿を書き、それを受け取った僕がそのテーマについて書くという形を取りました。

原稿が届くのは楽しみであると同時に、プレッシャーでした。

これは読者の方が判断することですが、見城さんから届く原稿が、読み始めたら止まらない面白さなのです。見城さんは出版社の社長であり、敏腕編集者でもあるので当たり前かもしれませんが、並べて掲載されるのですから、著《いちじる》しく見劣りする訳にはいきません。

僕も小説家を目指していた時期があるくらいなので、決して書くのは苦手ではありません。今回は我ながらすごい集中力を発揮し、多くの時間を費やしました。何度も推敲《すいこう》し、自分では面白いものが書けた手応えがあります。この本が再びベストセラーになるかどうかは分かりませんが、自分の中ではすでに前作を越えています。

見城さんの原稿を読み、内容を深く考えながら、僕は僕なりの考えを率直に書きました。

そこに一切、迎合はありません。見城さんが激しく、僕が穏やかに見えるかもしれませんが、それはあくまで各々《おのおの》のキャラクターにすぎません。

見城さんと同じく、僕も社交辞令が嫌いです。愛想笑《あいそ》いやお世辞、ごまをするような態度はすぐに気づいてしまうのです。

社交辞令を言うのが好きな人なんていないと思うけど、わかっていてもやめられない人も多いでしょう。この本では、全体を通じて「相手に対して正直であること」「率直に人と付き合うこと」の大切さを、何度も繰り返し説いています。

今回もさまざまなテーマについて語りながら、見城さんと僕の意見は一致するだけではなく、時には食い違うこともありますが、それもまた本書の読みどころの一つとして楽しんでいただければと思います。

タイトル『人は自分が期待するほど、自分を見てはくれないが、がっかりするほど見ていなくはない』には、「人はいつも評価される訳ではない、と同時に努力すればいつの日か報われる」という意味が込められています。これは働く人すべてが救われる言葉ではないでしょうか。

それにしても、見城さんがこのタイトルにしようと言い出した時は驚きました。せっかく前作がベストセラーになったのに、それを踏襲していないし、覚えやすいとか、略しやすいとか、出版界のセオリーに従う気が毛頭感じられない。過去にすがろうという保身がなく、実にフレッシュなタイトルだと思います。

見城さんとは出会ってもう十年になるけれど、いつも会うたび新鮮な刺激をもらっています。先日、本人にそれを伝えたら、「嬉しいね、人に刺激を与えられなくなったら、現役引退だから」とおっしゃっていました。常に最前線にい続けるために、たゆまぬ努力を続けているのでしょう。

僕も負けられないなと思いました。

見城さんとは仕事でもあまり接点はないし、馴れ合う仲間でも、師弟関係でもありません。分け隔てなく付き合ってくれるので、失礼ながら気の合う友人のような感じがします。そんな程よい距離感を持って、本書を製作しました。

この本には素晴らしい人生を送るための大切なヒントが数多くちりばめられています。ビジネスマンだけでなく、幅広い方々に読んでいただけたら本望です。

二〇一二年三月

人は自分が期待するほど、自分を見ていてはくれないが、がっかりするほど見ていなくはない　目次

第三章 仕事で勝つ心掛け

人は自分が期待するほど、自分を見ていてはくれないが、がっかりするほど見ていなくはない

写真　篠山紀信

題字　見城　徹

ブックデザイン　鈴木成一デザイン室

第一章

自分を追い込め

考えに、考えて、考え抜け

「悩む」と「考える」は、
似て非なるものである。
「悩む」が堂々巡りなのに対し、
「考える」は前進である。
我慢強く匍《ほ》匐《ふく》前進する者だけが、
目的地にたどり着けるのだ。

本を作るとき、僕は考えに考えて考え抜く。フォント（書体）、開いたときの余白、表紙のデザイン、帯の文句、宣伝方法など、細かいところまで全部自分で考え、一人ですべてを決める。

電車や車に乗っていても考えている。食事をしているとき、トイレで座っているとき、布団に入っているとき、ゴルフしているとき……四六時中、頭から離れない。また、離そうとも思わない。苦しくて、頭がおかしくなるほど、徹底的に考える。

そして出た答えを、一度視点を変えて検証する。「俺は思い込みをしていないか？」「他に道があるのではないか？」

この検証作業は、とても大事である。「考える」という行為は、どうしても近視眼的になりやすい。知らず知らずのうち、落とし穴にはまっていることもよくある。その危険を、決して忘れてはならない。それと気づいたなら、もちろん、また一から考え直さなければならない。

そのような過程を経て、「よし、これで行こう」と決めたときは、大抵失敗しない。たとえ失敗したとしても、俺はここまで考えたのだからと、清々《すがすが》しい気持ちになれる。「まあ、こんな感じかな」とか、「これでいいか」とか、曖昧《あいまい》に出した結論はダメだ。十中八、九失敗に終わる。成功したとしても、それはたまたま運が良かっただけである。

確実に勝利をつかむには、「これしかない」というところまで自分を追い込み、考え抜かなければならない。

大企業の欠点は、そのようなギリギリのところに、社員一人一人が立たないことだ。結局、他人任せ、上司任せ、違う部署任せなのである。それでは、「所詮《しょせん》サラリーマンだ」と言われてもしようがない。プロジェクトの成否が、自分の人生の幸、不幸につながると、誰一人考えないのだ。

仕事が楽しければ、人生も愉しい——。幻冬舎の男性誌『ゲーテ』のキャッチコピーだが、これは自明のことではないか。「仕事はほどほどに、趣味や自分の時間を大切にしています」という人がいる。特に最近の若者に多い。そういう人に、僕は問いたい。

「そんな人生で、楽しいか？　君は朝の九時から夕方五時まで、一日八時間もつまらない時間を過ごしているのか？」

仕事、イコール人生なのだ。仕事は人生に直結している。直結しているからこそ、徹底的に考え抜くことができるのだ。仕事がうまくいっていない時の食事や旅やゴルフは、どこか虚《むな》しい。

仕事の面白さは、己《おのれ》のしてきた苦労に比例する。考えることは、苦しい。しかし、考えに考えて考え抜くことは、自分の人生を豊かにすることにほかならない。(見)

書道家の武田双雲《そううん》氏にお願いして「集中、深掘、細部」と大きく書いていただいたものを、先日、新規サービスを創る部署の壁に張り出しました。

インターネットサービスにおいても、最後の粘りこそが、決定的な差を生み出します。逆にその手前の出来では、その他大勢に埋もれてしまいます。

最後の粘りを引き出し、細部まで徹底して考えさせるため、僕はよくプロデューサーに「東大を受験するつもりでやれ」と言います。

大学受験の世界史を例に取ると、そこそこの私大なら、一通り勉強すれば受かる。しかし、東大や京大には、「そんなことまで覚えるの？」と、驚くほど細かいところまでやらなければ受かりません。

限界まで深掘《ふかぼ》りし、細部にこだわるしつこさを持ってもらうため、僕はその言葉をかけるのです。

新規事業の立ち上げを優秀な人材に任せている大企業は、同じようなサービスを考えた時、能力では劣る小さなベンチャーの起業家に負けてしまいます。その理由は、会社のお金でサービスを考えているサラリーマンと、独立し、借金までして後がない起業家では、緊張感がまるで違うからです。とことん考え抜き、もうこれ以上はないというところまで、自分を追い込むことができていないのです。

企業内ベンチャーのような取り組みを成功させたいなら、そのような精神状態や環境を、自分たちで意図的に作るしかありません。

わが社の社長室には、『シャークアイ・ポイントシステム』という折れ線グラフが、大きく張り出されています。これは、社員が考えた新しいサービスの出来具合を、僕がユーザーを代弁して採点したもの。さらにサービスの面白さが増したり、使いやすさが向上したりすれば、週ごとにポイントが上がる。逆に、何もしなかったら下がっていきます。

うちの社長室には役員をはじめ、たくさんの人が訪れるため、グラフはいやでも目に触れます。自分の成績が一目で知られてしまうので、社員はみんな戦々恐々としています。成績が良くても悪くても注目されるからです。

僕らは自身の知恵やアイディアによって価値を生み出す、知識労働者です。しかし人間は、追い込まれないと本当にいいアイディアを出すことができません。僕自身、この本の原稿を締め切りギリギリに追い込まれて書いているし、夏休みの宿題も、八月後半になってようやく手をつけるタイプでした。

人は追い込まれたり崖っぷちに立たされたりして、初めて本当の力を発揮します。自分の頭脳を追い込む環境を作れていなければ、せっかくの能力をうまく引き出せないかもしれません。知識労働者にとって、ずい分もったいないことではないでしょうか。㊞藤

今日と違う明日を生きろ

働くことには、
いつも「発見」がなければならない。
だからこそ価値が生じ、
それを他者に提供することができるのだ。
「発見」のない仕事など、
単なる人生の空費にすぎない。

現状維持は楽だ。人は今日と同じ明日に、心地よさを感じる。今日と違うと、不安になる。あるいは、慣れていないために面倒だと思う。

しかし、今日と違う明日を迎えない限り、人は新しい景色に出会えない。日々新しい風景に出会い続けることが、生きるということだ。進歩するということだ。「お前が一度も見たことのない原色があるよ」と人に言われたら、僕は地の果てでも見に行きたいと思う。常に変化を求め、新しいものを欲するのは、人間だけに与えられた能力なのだ。

仕事でも、これと同じことが言える。

仕事というのは、人間が自然や世界に作用して、新しい価値を生み出すことだ。マルクスの言う通り、それはごく単純な経済学の公理である。

働くことは、今日とは違う価値を生み出すことなのだ。それを付加価値という。だから懸命に働き、結果を出すと、おのずと今日と違う明日になる。それを目指さない限り、人は生産的になれないし、新しい景色も見ることができない。昨日と同じ今日の連続は楽かもしれないが、生きている実感は得られないだろう。自分の存在理由さえも希薄になる。

もちろん、今日と違う明日というのは、言葉上の比喩《ひゆ》である。変化の期間は月単位でも、年単位でもいい。

現状に妥協して、心地いい毎日を重ねていくことは、何もしないのと同じである。流され

て日々を過ごすことは、何より人を堕落させる。

仕事でも人生でも、勇気を持って一日一つ何かを壊すことは、着実な前進である。どんな小さなことでもいい、新しいことをしてみる。昨日の殻を破るのだ。それをしているか、していないかでは、五年後に大きな差が出るだろう。

僕に、年下の女性の友人がいる。彼女は三十代半ばのフリーライター、結婚していて子供もいる。傍目《はため》には、仕事も家庭も順風満帆《じゅんぷうまんぱん》に見える。先日、仕事の打ち合わせをした後、彼女がふと、こんなことを漏らした。

「私、自分の人生がもう決まっちゃっている気がするんですよ。旦那も子供もいて、仕事もうまくいっていて、不満はないんだけど、自分の五年後、十年後が、わかりすぎるぐらいわかっちゃう。それが何かつまらないんですよね」

僕は彼女の言っていることが、よく理解できる。彼女が抱いているような、生きることへの漠とした味気なさは、歳を重ねるたび強くなるものだ。

「決まった人生なんて、ありはしないよ。自分でつまらなくしているだけだよ。ちょっとしたことじゃないの？　不安になったり苦しくなったりしても、自分から一つずつ何かを変えていけば、きっと面白くなるよ。新しい風景に出会えるよ」

その言葉は彼女に向けて言ったはずなのに、ブーメランのように自分のところに還《かえ》ってきて、しばらく僕の耳底から離れなかった。見

昨年サイバーエージェントでは、専門職の職務グレードを突然廃止しました。長年続いていたため、すでに昇格した人や昇格を目指していた人から動揺の声が上がりました。また、マネジメントからは、何を目標に設定すればよいかわからないと懸念《けねん》の声もありました。

しかし、半年経って社内を見渡してみると、みな、何事もなかったように仕事に精を出しています。まるでそんな職務グレードは、初めからなかったかのようです。結局のところどんな人事システムも、ある時期に会社が取り決めた形式にすぎないのです。

人間は、ある時たまたま決まったことに、ずっと支配されてしまう特性を持っています。それが惰性ということではないでしょうか。

会議もそうです。毎週同じ時間同じ場所に集まり、同じ役員が同じ席順で話し合うと、考え方までパターン化し、新しい発想が出てこなくなります。だから当社では合宿などを行ない、あえて遠く離れた場所で会議したりしています。

人間の頭は放っておくと硬直化するので、意図して変化をつけるくらいがちょうどいいのだと思います。

これは仕事だけでなく、プライベートでも同様です。

僕は三十八歳からサーフィンを始めました。きっかけは、誕生日に社員からサーフボードをプレゼントされたこと。

サーフィンは大変です。まず、朝が早い。まだ暗いうちから、海に向かいます。しかも、僕が行く湘南の海はすごく混んでいる。みんなで温泉に浸かっているようです。そんなところで四十前の初心者がサーフィンをするのは、かなり勇気がいりました。もしかしたら、大怪我をするかもしれない。立場的にも、そんなことで仕事に穴をあけるわけにはいきません。

しかし、初めて海に浮かんで見た光景、波に乗れるようになった時の感動、それらは今まで経験したことのない、大変得がたいものでした。

子供の頃は歳月が経つのをとても長く感じたのに、大人になると一年がすぐ過ぎてしまう。子供は毎日のように新しいものに出合うから、ずい分いろいろなことがあったと感じるけれど、大人になると、大体似たような経験が多くなり、すぐに一年が経ってしまうのです。

そんな月日の繰り返しでは、人生もあっという間に終わってしまいそうです。

「不安やリスクの無い人生は安定でなく 惰性まみれのクソだ」

僕の好きなハイイロデロッシという、若いラッパーの曲の歌詞です。

新しいことを始めると、不安もあります。しかしそれと同時にワクワクも生まれる。仕事でも人生でも、そのワクワクを自ら作るために行動することが大事なのだと思います。㊧藤

蝶のように舞い、蜂のように刺せ

大きな障壁を乗り越えるには、
並々ならぬ精神力が必要だ。
集中は、人から無駄をそぎ落とす。
その時、人は、最も美しい。

僕は、数ある格闘技の中でもボクシングが好きだ。特に、モハメド・アリに強く惹《ひ》かれる。アリは、身長百九十センチの巨漢ながらも、軽やかなステップで相手を翻弄《ほんろう》し、鋭い左ジャブからの右ストレートで、ＫＯ勝ちを連発した。その華麗な戦闘スタイルは、「蝶のように舞い、蜂のように刺す」とうたわれた。僕もアリの鍛え抜かれた筋肉と、褐色の肌に飛び散る汗を見るたび、なんて美しいのだろうと感嘆したものだ。

とりわけ、リングに上がるやいなや、稲妻のように脚を交差させ、左ジャブを繰り出すパフォーマンス、「アリ・シャッフル」に憧れて、若い頃、ボクシングジムに通ったこともある。一度だけでもリングに上がり「アリ・シャッフル」をやってみたかった。しかし、仕事が忙しくなるにつれ、足が遠のいてしまったため、リングに立つ夢はかなわなかった。

短い間だったが、実際にボクシングをしてみてわかったことがある。それは、人を殴ることも殴られることも、とてつもなく恐ろしいということだ。一撃で人を倒せる技を持ったプロ同士なら、なおさらだろう。

アリは「俺は世界一強い。世界一美しい」と、事あるごとに大口をたたき、「ホラ吹きクレイ」とも呼ばれていた。世界チャンピオンになっても、アリの頭の中は常に、次こそは倒されるかもしれない恐怖でいっぱいだっただろう。その不安に打ち勝つために、大口をたたくことで自分にプレッシャーをかけ、さらに過酷なトレーニングを、自らに課していたのである。

そんなアリの半生を綴《つづ》ったホセ・トレス著『カシアス・クレイ』は、僕に強い影響を与えた本だ。初版は一九七一年。学生時代から僕はこの本を、何度読み返したかわからない。

著者のホセ・トレス自身も、元ボクサーであり、ライトヘビー級世界王者だった。僕の知る限り、世界チャンピオンで作家になったのは、ホセ・トレスだけである。

ホセがこの本の中で描いているのは、戦いに挑むボクサーの内面である。元世界チャンピオンのホセだからこそ書けた、迫真のノンフィクションだ。

例えばアリについて、こんな一節がある。

「拳闘界の多くの人が幸運と呼ぶところのものは、実は、不安をエネルギーに変える天才の技術なのであった」

素晴らしい洞察である。アリと同じく知性あふれるボクサーであり、優れた作家でもあるホセにも僕は魅《み》せられる。またあとがきで、ホセはこうも言っている。

「作家も拳闘選手もともに不安を克服し、自らの弱さを強さに変えなければならない」

この一文は、いつも僕の胸にある。ビジネスマンにも、同じことが言えると思うからだ。ボクシングは、実はとても精神的なスポーツである。恐怖を乗り越える知性がなければ、勝つことはできない。マイク・タイソンのように、野蛮なだけではダメなのだ。

人が不安や恐怖を乗り越えるのは、ねばり強い知性によってである。それらを克服した時、その人は蝶のように舞い、蜂のように刺すことができるのだ。見

　モハメド・アリのように不安をエネルギーに変えることは、リーダーに必要な能力の一つです。ビジネスとは暗闇の中を進むようなもの。まわりから、危ないと散々《さんざん》言われても、仲間を引き連れて明るみに向かわなければならない。確証なんて、何もない。それでも方向性を示し、希望の光を照らしながらみんなをまとめ、引っ張っていかなければならない。そのために努力し、勇気を奮うことが、リーダーの仕事なのです。

　アリは「ホラ吹きクレイ」と言われていたそうです。「ホラ」というと聞こえは悪いですが、その時は実現不可能に思える目標をあえて公言することは、経営者だけでなく、ビジネスマンにとって、すごく大事だと思います。

　うちの若い社員でも、無謀に見える目標を口に出して言っている人は、見所《みどころ》があると思う。

　僕もよく、大きな目標を公言してきました。会社を立ち上げた時は、「二年で上場する」と言い、実際に設立二年で上場することができました。また、中長期の計画として三百億とか一千億とか売上目標を決めると、不思議とそれに近いところに着地します。

　正直に言って、緻密《ちみつ》な計算や根拠があったわけではありません。それでも「えいやっ！」と思い切って決めて、口に出して言うことで、退路を断ったのです。

　言葉には、不思議なほど強い力があります。公言すると、それが一人歩きして自己目的化し、まわりを巻き込み、現実化してしまうのです。今も、何か目標を掲げるときはブログに書いたり、取材で喋《しゃべ》ってしまったりして、自身を追い込むようにしています。

「二年で上場する」と言ったときは、「社長がこう言っているから逆算して上場準備をしないと」と、証券会社が動いてくれたり、「条件として売り上げはこれくらいなければ」と、社員が社内の体制を整えるためにがんばってくれたりしました。結果として、辻褄《つじつま》が合っていくのです。

その時社員たちが、「社長には、何か根拠があるのだろう」と思っていたとすれば、それは勘違いです。しかしその勘違いがみんなを巻き込んで、物事を大きく動かしてゆくのです。

僕は、特に若い人は、多少背伸びして大口をたたいてもいいと思います。若い頃は伸びしろが大きいので、短期間での成長が期待できるからです。大きなことを言ってしまうと、まわりへの手前、何とかして辻褄を合わせようと、必死でがんばります。これが自分の内側から思わぬ力を引き出し、大きな飛躍につながるのです。

モハメド・アリが大口をたたいたのは、単に目立ちたがり屋だったからではないと思います。何かを公言することは、自分を追い込むことです。それが何より大きな力を生み、自分の発した言葉が絵空事ではなくなることを、アリは感覚的にわかっていたのではないでしょうか。

藤

縛りがあるから面白い

人が最大の力を発揮するのは、
切羽詰《せっぱつ》まった時である。
傑出したものは、必ず、
息苦しい緊張の中からほとばしる
エネルギーによって生み出されるのだ。

「五月雨《さみだれ》をあつめて早し最上川《もがみがわ》」

言わずと知れた、芭蕉の名句である。雨でかさを増し、勢いよく流れる川の様子が目に浮かぶようだ。日本語の文章表現で、俳句ほど優れたものはないと思う。世界最短、十七音の中に、移り変わる四季やはかない風物を描出しながら、もののあわれやわびさびといった日本人の情緒を集約的に表現する。

俳句がここまで豊かな表現になったのは、五七五という定型があったからだ。しかもその短い中に、季語まで入れなければならない。何と強い制約だろう。

しかし、だからこそ、俳句は文章表現として洗練を極め、とてつもない深みを獲得したのだ。縛りがあるからこそ、人は胸を掻《か》き、思考を巡らし、何とかしようとする。そのエネルギーが芭蕉の句のような、素晴らしいものを生み出すのだ。

現代は自由が尊重される時代である。しかし行きすぎると、何も生まなくなってしまう。人は何をしてもいいと言われると、取っ掛かりをつかめず、かえってどうすればいいかわからなくなるものだ。僕はものを生み出すには、むしろ縛りがあるほうが有効だと思っている。CMに秀逸な表現が多く見られるのも、製品やイメージを売らなければならないという強い制約があるからだ。

角川書店にいた三十四歳の頃、僕は『月刊カドカワ』の編集長に任命された。当時、文芸誌だった『月刊カドカワ』の売り上げ部数は六千部。小説を数多く載せなければならないと

いう縛りが一つだけあったが、後は自由だった。

僕は、誌面の大改革に着手した。できるだけ縛りを多くしようと考えたのだ。まず、想定読者層をそれまでの四十代女性から、二十歳に下げた。若い女性がターゲットなのに、グラビアはほとんどない、文字だらけの雑誌である。窮余《きゅうよ》の策として、小説に近い関係にある歌詞にメッセージ性のあるミュージシャンを多く登場させる音楽雑誌に路線変更した。載せるのは、スターのグラビアでもなければ音楽の批評でもなく、ミュージシャンの内面と歌詞に迫る記事だけ。小説は生き方をテーマにしたものばかり。身動きできないほどの制約を、自らに課したのである。音楽誌としては異例の、活字だらけの雑誌であった。

文芸誌という器《うつわ》、ミュージシャンの内面だけを扱うコンセプト、ターゲットは二十歳の女の子……さまざまな縛りの中で、僕は編集部員たちとアイディアを出し合い、日々葛藤《かっとう》し、錐揉《きりも》み状態になりながら、新しい『月刊カドカワ』を作り上げていった。結果は、大成功であった。編集部の苦しみと比例するように、雑誌の内容は面白くなっていった。新生『月刊カドカワ』は十八万部まで売り上げを伸ばし、当時、活字雑誌の奇跡と言われた。

しかし、縛りは、ビジネスにおいて特別なことではない。例えば、新商品を開発する時、まずターゲットを設定する。それも縛りの一つだろう。予算やセールス形態などの制限もあるだろう。

それを単なる足枷《あしかせ》と考えるのではなく、創造性の促進剤ととらえ、七転八倒《しちてんばっとう》すればいい。

縛りは、人から底知れぬエネルギーを引き出す力を秘めている。（見）

見城さんのこの話は、僕に非常に大きな気づきを与えてくれました。ずっと胸に引っ掛かっていた疑問が、突如氷解《ひょうかい》したような気分です。

当社は半年に一度、新規事業プランコンテストを行っているのですが、そこには非常に多くの応募があります。前回は社内から八百二十八件ものアイディアが寄せられました。おそらく当社は、日本で一番、プランが集まる会社だと思います。

それを聞くとうらやましく思う経営者もいるかもしれません。ところが、これは何年も悩んでいることなのですが、その大半が不思議なほど使い物にならないのです。前回は八百二十八件のうち、そのまま事業としてスタートできたものはたった一件でした。

目をつけた分野がいいものはたくさんあります。しかし、新規事業のプランはたいてい、さまざまな問題を抱えています。それを解決すればスタートできるのですが、ほとんどのアイディアは、その手前で止まっているのです。

最後の難しい問題をクリアできたなら、そのアイディアは希少価値があるものに変わります。その手前では着眼点がよかったという程度にすぎません。当人にとっては発見でも、それぐらいの発見をする人は世の中にたくさんいます。審査する側も、有望な分野を知りたいのではなく、最後の問題をどうクリアするかを聞きたいのです。

ところが最近、別の方法を試してみたところ、驚くような成果を得ました。

問題を抱えているアイディアをいくつか用意し、チームに分かれて、みんなでひたすら詰めきる合宿を行ったのです。アイディアはすでに決まっていて、後は問題をどう解決するか。限られた条件の中、ひたすら詰めていく作業は、非常に苦しいものでした。普通、新規事業を考えることは、夢があって、あれやこれやと妄想が膨らんで楽しいものです。しかし、制約に縛られ、そんなことを言っている余裕は一切ありませんでした。

そして驚いたことに、この合宿で詰めきった事業の中から、独創性に富んだほかに見たことのないようなアイディアがたくさん生まれたのです。海外の流行《はや》りや、成功している他社の模倣が多かった、これまでとは大違いです。

僕はずっと勘違いしていたようです。

今までは、「どんなものでもいいから、新しいプランを出してみて」と言っていました。何の制限も設けない自由が、創造的な発想に結びつくと思っていたからです。

非常に幅広いインターネットの世界では、何でもできる反面、単なる思いつきや妄想など、底が浅いものを大量に生み出してしまう側面を見落としていたのです。

ネットビジネスは、ほかのビジネスに比べて、自由度が大きい。だからこそ、深く考えられたアイディアを絞り出すために、制約を設けることが、とても大事だと気づかされました。

自由というのは、今の時代の常識であり、あって当然のものです。でも、その死角には、すごく大切なものが眠っているのかもしれません。　藤

居心地の悪いところに宝あり

自分とは全く違う異物には、
誰でも動揺や反発を感じるものだ。
気持ちの揺れが収まった時、
視界にようやく対象が本来の姿を現す。
異物を飲み込むのは辛いけれど、
それを消化できた時、
想像を絶する結果が待っている。

銀色夏生《ぎんいろなつお》は、僕が見つけ出し、ブレイクした作家の一人だ。作詞家だった彼女と初めて会ったときの居心地の悪さは、今でも忘れられない。

僕が「見城と申します」と名刺を差し出しても、彼女は名刺を見ようともしないし、一言も発さない。ただぼんやりと、そこに僕などいないかのように座っているだけである。僕は、そんな彼女に、

「僕はあなたと仕事がしたい。あなたの歌詞は素晴らしい。あなたの言葉を本にしましょう」と、熱っぽく語りかけた。しかし、僕の熱意は、少しも彼女には伝わっていないようだった。ただひたすら、黙っているだけである。時々、思い出したように口の中で小さく笑う。

僕は次第に腹が立ってきて、「あなたは失礼だ。もう帰ります」と席を立ってしまった。

会社に帰って一服し、熱くなった頭を冷やした。

どうして、こんなことになってしまったのだろう？　とにかく銀色夏生は、僕のこれまでの経験や概念では、全く説明のつかない人だった。あんなに居心地の悪い思いをしたのは、何も彼女の態度のせいばかりではないはずだ。

僕は引き出しから万年筆を取り出し、彼女に手紙を書いた。

『正直言って、あなたの対応は不愉快でした。でも、僕の気持ちをここまで波立たせるということは、あなたに僕の知らない何かがあると思い直しました。お願いがあります。もう一

度会っていただきたいのです。』

それから何度か会い、わかったのは、彼女は人見知りでも、不愛想でもない。ましてや僕に嫌悪感を抱いていたわけでもない。ただ、彼女の住んでいる世界が、僕とは違うだけなのである。

銀色は何にも毒されていない、自分だけの確固たる世界を持っていた。少年少女がほんのいっときだけ持つことの許される、甘く切ない気持ちをそのまま結晶化したような、類《たぐ》い稀《まれ》なる無垢《むく》な魂の持ち主であった。

編集者は作家と、はらわたをこすり合わせるほど徹底して話し合い、作品を書いていただくべきだというのが、信じて疑わない僕の編集哲学であり、実際そうしてきた。しかし、彼女には、そうすべきではないと思った。そんなことをすれば、彼女独自の世界が壊れてしまうに違いなかった。

僕は、原稿はもとより、本のタイトル、デザイン、紙の種類まで、すべてを彼女に任せた。僕は一切口を出さなかった。こんなやり方をしたのは、初めてだった。僕の仕事は、彼女独自の世界を、外部の菌から守ることだけだった。

そして、八六年に出版された彼女の文庫書き下ろしの処女作『これもすべて同じ一日』から、僕が角川書店を辞めるまでの九作すべてが百万部を超える大ベストセラーとなった。

異物を飲み込めた時、想像を絶する結果が待っている。(見)

一人の人間のできることには、限界があります。仕事で幅を広げようと思ったら、未知のものを、貪欲に取り込んでいくしかありません。会社でも、同じようなタイプの人ばかり採用していては、多様性が持てないし、新しいアイディアも生まれません。新しい人やものを取り入れて活かすことは、とても大事です。

でも、未知のものを見つけた時、それが本物かどうか見抜くのは、殊《こと》のほか難しい。例えば会社で、これまでいなかったような、自分たちの理解できないタイプの新人を採用したとしましょう。

その時採用する側は、こんなふうに考えます。

「よくわからないけれど、もしかしたら、この人はすごいのかもしれない——」

よくわからないことを理由に試しに採用しても、それがいい結果を生むことはまずありません。

異質な人を取り入れるなら、まず相手を理解しようと全力で努めなければなりません。いくらわかろうとしても、わからないかもしれない。それでも採用するなら、採る側の誰かが、その人に対し、どこまでも責任を負う覚悟をすべきだと思います。人というのは、「責任を持て」と言われると、きちんとした判断ができるようになるものです。

これは新人の採用だけでなく、新規事業でも言えることです。

大企業の上層部の人が、下から上がってきた、若者を対象とした事業や、最新技術を使った企画に対して、ろくに理解もせず「やってみたらどうかな」と、漠然とゴーサインを出すことがありますが、それで成功する確率は極めて低いと思います。

当社で昨年、新たに作った子会社のサイゲームスは、外部から人材を登用して設立しました。新卒採用を主としている当社としては珍しいことです。しかし、これは大成功を収めました。その後、『神撃のバハムート』を始め、彼らの作ったソーシャルゲームは次々とヒットになり、今は当社グループ全体に革新的な影響を与えるまでに至っています。

サイゲームスの役員たちは、ずっとゲーム業界にいたこともあり、当社が新卒採用する社員のタイプとは少し異なります。そんな彼らの突出した能力を見出し、彼らと交渉にあたったのは、副社長の日高裕介《ひだかゆうすけ》でした。多くの時間を使って彼らと話し合い、食事をし、理解し、そして責任を負ったからこそ、今の結果があるのだと思います。

今回の成功は、もちろんサイゲームスのクリエーターたちの実力によるものです。そして、それと同じくらい、僕は日高を評価します。もし、「よくわからないけど、すごそうだ」ということだけで、会社を立ち上げていたら、彼らが本物かどうかもわからないままだったでしょう。

ダイヤの原石が本当に原石かどうか見極めることに手を抜いてはいけません。その時間と労力は、決して無駄ではないのです。㊕

第二章

人付き合いの基本

感想こそ人間関係の最初の一歩

身を挺し、自分を切り刻まなければ、
本当の人間関係は成立しない。
感想を伝えるという行為は簡単のようで難しい。
表面的ではない言葉が、相手の心に響いた時、
初めて真っ当な関係の礎《いしずえ》が築かれるのだ。

僕ぐらいの歳《とし》になると、結婚式やパーティーで、スピーチを頼まれることも多い。

僕はプレッシャーを感じ、二、三日前から眠れなくなるほど考える。その人のいいところを上手く、いやらしくなく褒めたい。面白いことを言って、会場を沸かせたい。それでいて、「心に染みる、いいスピーチだったなあ」と出席者に思わせたい……。

講演だと、このプレッシャーがもっと強くなる。とりわけ困るのが、母校でやるときだ。みんなが僕に聞きたいことは、決まっている。

「どうすれば、見城さんのように成功できるのですか？――」

僕は社会に出る前の、けがれない若者たちに向けて、本当はこう言ってやりたい。

「一番立派なことは、自分に恥ずかしくない人生を生きることなんだよ。まわりの人を裏切らず誠実に愛し、目立たず生き、そして死んでゆくことがいかに難しいか。僕は、人を踏み台にしたり押しのけたりしてきた。ここまで来るとは、そういうことなんだよ」

でも、それでは講演にならないので、僕は成功の〝秘訣〟をいろいろ話す。そして、話し終えると、自己嫌悪でいっぱいになる。そのため、しばらく仕事が手につかなくなるくらいだ。第一〝秘訣〟という言葉自体が、小手先の感じがする。

僕は自分が喋ったり、書いたり、出演したりしたものに対し、とにかく誰かに感想を言ってもらいたい。他人はどう思ったのか、やはり気になる。言ってもらうだけで、多少は自己嫌悪が軽くなるからだ。

ところが、お礼は言っても、感想を言う人はほとんどいない。これは講演だけでなく、スピーチの場合も同様である。

こういう時、人はなぜ、何も言わないのだろう？　失礼だと思うからだろうか？　そうではない。本人に感想を言うためには、身を挺したり、自分を切り刻んだりしなければ、ちゃんとした意見にならないからだ。多くの人にとって、それはリスクであり、なるべく避けようとする心理が働く。面倒臭いと思うのだろう。

何も、無理に持ち上げなくてもいい。「面白かったけど、あそこはちょっと言いすぎですよ」とたしなめてくれても構わない。そうした一言が、自己嫌悪でジリジリしている僕を、どれだけ救ってくれるかわからない。

感想は、その場で言うのが一番いい。礼状に添える場合は、五日以内で。僕の場合、五日を過ぎたら、うれしくも何ともない。

僕が感想を言う時、必ず決めていることがある。まずは褒める。どこかいい部分を必死に探して、きちっと褒める。それから、気づいたことがあれば、いくつか指摘する。

相手が感想をしっかりと伝えてくれた時、僕は「この人とは付き合えるな」とか、「大事にしよう」と思う。それがモチベーションになり、次の仕事へつながるのだ。感想は、それを言うこと自体に大きな意味がある。

感想がないところに、人間関係は成立しないと心得るべきだ。㊎

初めて会ったとき、見城さんは、「すぐれたビジネス書であるだけでなく、青春小説にもなっている」と、僕の自伝『渋谷ではたらく社長の告白』の感想を熱っぽく語ってくれました。僕は、「あの幻冬舎の見城社長に褒められた！」と、一瞬で心を鷲掴《わしづか》みにされてしまいました。

その後も、僕のコラムやインタビュー記事を読むと、見城さんはすぐに電話をくれて、感想を言ってくださいます。

感想を言うことは、その人との関係にものすごく大きな効果があることを、僕も見城さんから学びました。かなり高い確率で、相手のことを好きになる。人間は、自分に関心を持ってくれる人に好意を持つからです。

インターネットで、自分の名前を検索することを、「エゴサーチ」と呼びます。とぼけている人が多いですが、芸能人や経営者でも、その多くは「エゴサーチ」をして、自分が何を言われているか見ている。それだけ、人からの評価が気になるのです。

特にテレビ出演したり、本を出したりした直後は気にかかります。でも、不思議なことに時間が経つと、そうでもなくなる。

その時に評判を気にするのと同じく、しばらくすると忘れるのも人間の本性なのでしょう。だから、直後に感想を言ってくれる人は、すごくありがたいのです。

メディアに出た時だけではなく、結婚式のスピーチでも気になります。

僕は社員の結婚式に呼ばれることが多いのですが、毎回スピーチには頭を悩ませます。いつも同じことを言うのは申し訳ないから変えようと思って、その都度《つど》一生懸命考える。苦労した分、感想がとても気になるのに、誰もそのことには気づいてくれないようです。僕も、自分のスピーチが良かったのか悪かったのか、その直後はとても気になっているのです。

そこで一言、感想が出てこないのは、おそらく感想を言う訓練をしていないからではないでしょうか。見城さんの感想の見事さは、訓練の賜物《たまもの》だと思います。毎回、相手の心に響くことを言おうと自分に課しているのでしょう。もっとも見城さんは作家を口説いたり、いい作品を書かせたりすることが仕事なので、人一倍感想を述べる技術を磨いたのかもしれません。

適切なタイミングで、適切な感想を言うのは、その人といい関係を作る大きなチャンス。それも本人の自己評価に近いことを言うのが、一番効きます。良き理解者だと感じるからです。失敗したと思ったときに、お世辞を言われるのも嫌だし、良かったと思っているのに、けなされたら腹が立つ。

バカ正直に、何でも言えばいいというものではありません。

少し打算的にも聞こえるかもしれませんが、感想を言うことは、とても有効な戦略的コミュニケーションなのです。㊞藤

秘書にレストランを予約させるな

雑用だからといって、手を抜いてはならない。
その中にこそ、本質的なものに至る
原石が埋もれていることがある。
その原石がダイヤモンドになることだってあるのだ。

僕は、雑用や事務的な仕事は、すべて秘書に任せている。そのほか、スケジュールの管理や来客の応対、出張の準備なども、秘書の仕事である。いつも先を読み、優秀な右腕として、よくがんばってくれていると思う。

しかし、何もかもを秘書に任せているわけではない。これは秘書に限ったことではない。社会で地位が上がってくると、部下やアシスタントなど、補佐役がつくものだ。そういう人間に任せることと任せないことのけじめをつけるべきである。

例えば僕は、重要なビジネスディナーのセッティングは秘書に任せない。それでは、心のこもった接待などできるわけがないと思うからだ。相手は、これからの仕事につながる大事な人なのだ。しょっぱなから人任せでは、せっかくのチャンスを自ら棒に振るのと同じである。きちんと相手をもてなし、気分のいい時間を過ごしてもらうためには、最初の一歩を自分で踏み出さなければいけない。どんなに忙しくても、レストランの予約は自分でするべきである。

まず、自ら電話をかけると、店側の緊張感が違ってくる。その際、どんなメニューがいいか、ワインは何があるか、聞くこともできる。どういう趣向で、どんなもてなしをしたいかを、店に伝えることも可能だ。

テーブルの位置も重要である。僕は、よほど顔の知れた芸能人やスポーツ選手や政治家が相手でなければ、個室はあまり使わない。閉塞感があり、かえって息苦しいことがあるから

だ。コーナーや壁際の、あまり人目が気にならない席のほうが好ましい。せっかく選んだ店の雰囲気を楽しんでもらいたいからだ。

接待に使われるような店は、限られている。そのため、偶然顔見知りや、会いたかった人物と居合わせることも多い。先日も、電話の際、「隣のテーブルに、○○社のAさんがいらっしゃいますが、よろしいですか?」と訊かれた。会ったことはないが、かねてから噂には聞いている人物だった。僕も会いたかったし、相手も僕に会いたいと思っていてくれるはずだった。しかしお互いに忙しくてタイミングが合わなかったのだ。僕はかまわないと言い、「Aさんには前からお会いしたかったんです。できたら、ご挨拶したいですね」と言った。それから、僕の秘書がAさんの秘書に連絡を取った。もし、先方が断ってきたら、僕はほかの店を探さなければならない。翌日、Aさんの秘書を通じて、「私もお目にかかりたいと思っていました」と返事があった。

そのようにして、僕はAさんとの面識を得た。彼とのパイプは、これからの仕事にきっと生かされるだろう。

もし、秘書がレストランに予約の電話をしていたら、こうは上手《うま》くいかなかっただろう。人任せという怠慢は、見えないところで大きな損失を生んでいることがある。

秘書やアシスタントに任せてはいけないことは、他にもある。

一番腹が立つのは、大事なお願い事の礼状を秘書に書かせる輩《やから》だ。感謝の気持ちが、一ミリも伝わってこない。そんな輩は社長どころか、人間として失格である。㊎

見城さんと食事をご一緒させていただくと、いつも思うことがあります。それは見城さんのセッティングが、本当に見事だということ。どのテーブルにするかだけでなく、同席者の席順もすでに決まっています。そしてどの店でも料理長と親しく、料理にいろいろ注文をつけます。でも、僕が一番すごいと思うのは、たくさん給仕の方の名前を覚えていて、その人たちとも仲がいいこと。これは今の僕には、まだ真似《まね》できません。

さらに驚かされるのは、見城さんは給仕の方の中に、必ず一人ひいきを作り、可愛がっていること。世の中には、レストランの給仕の方やタクシーの運転手さんなどに、ものすごく横柄な態度を取る人がいますが、見城さんは正反対です。そこまでできれば、ほぼ間違いなく同席者を喜ばせることができるはず。完璧とはこのことだと思います。

食事のセッティングは、エリート的な人ほどやりたがらない傾向があるように思います。会食するメンバーの選定に配慮しない人も多い。そういう人は、自分は頭脳労働に集中すべきであり、雑務は人に任せようと考えているのではないでしょうか。

でも、それは大きな間違いだと僕は思います。なぜなら仕事相手との会食は、ビジネスマンにとって主戦場にほかならないからです。そこで相手に気持ちよく食事してもらえれば、ビジネスに大きな効果があるのは、言うまでもありません。むしろ、それが決定打となる可能性が高いのです。

見城さんは、お店をホームグラウンドのようにしてしまっている。そうすればアウェイで試合をするより、ずっと有利です。

一流のビジネスマンは、このことをよくわかっています。食事に関する気配りが実にこまやかで、抜け目ない。また、その気配りは、贈り物やお土産などでも伝わってきます。何事も、ただ形式的に済ますことはありません。

どんなにいい仕事をしているつもりでも、一緒に楽しく食事した人には勝てない。会食というと、しがらみや馴れ合いのイメージに嫌悪感を持つ人もいると思いますが、少なくとも同じレベルの競争相手だと、いい食事をしている人には敵《かな》いません。これはビジネスにとって、動かせない真実です。競合する会社の社長同士が会食すると、そのことを秘密にしたりしますが、それは会食というものに重い意味があるからです。

社外だけではなく、社内の関係でもそうです。人間関係は、食事をともにすることで築かれてゆきます。そこでどうすれば自分の力を最大限に発揮できるかということは、案外見落とされているのではないでしょうか。（藤）

友情だけはギブアンドテイク

友情は無償であるというのは、
悪しきロマンチシズムだ。
何かを与えるにしても、与えられるにしても、
一方的なら、たちまちそれは消えてしまうだろう。

僕は、こいつとは友達になれそうだと思った人に、必ず言う言葉がある。

「友情は、ギブアンドテイクだからね」

自分を刺激してくれない友達や、新しい地点に連れていってくれない友達は、僕はいらない。

一緒にいると気分がいいとか、気が楽だという人とぬるま湯につかったような時間を過ごすなど、意味がないと思うからだ。

仕事と恋愛は、ギブアンドギブでいい。見返りを期待して、恋などできない。この女のためなら、命さえ捨ててもいいと思えるのが、僕にとっての恋愛である。

仕事もそうだ。目先の損得を考えていては、いい仕事はできない。自分がこれだけ苦労しているのに、相手からは何も返ってこないと思っていたら、大した仕事はできない。少なくとも、人の上に立つリーダーにはなれないだろう。

「汗は自分でかきましょう。手柄は人にあげましょう」

首相だった竹下登の言葉である。去年三月に亡くなった日本テレビの氏家《うじいえ》齊一郎《せいいちろう》さんはそれに「そしてそれを忘れましょう」を付け加えていた。僕は、氏家さんの「忘れましょう」に衝撃を受けた。「自分で汗をかき、それで得た結果を、自分のものにせず人に渡す」ここまでは、何とかできる。しかし、そのことを恩に着せず、きれいに忘れるのは、なかなかできることではない。

仕事では、無償の行為こそが、結果的に大きな実りを生み出すことを、氏家さんはよくわかっていた。だからこそ、テレビ局トップの座に三十年近く君臨することができたのだ。

しかし、友情の場合、仕事とはまったく違う。有形無形、何かはっきりしたものを与え合わないと、成立しない。

僕は、六十一歳になったが、ここまで来られたのも友人たちのおかげだと思っている。「もうダメだ」と追い詰められた時、何度友情に救われたかわからない。そういう時彼ら彼女らは、おざなりではない刺激になる言葉を僕に与えてくれるだけでなく、実際に動いてくれ、何かをもたらしてくれる。僕もそれに報いるため、同じように振る舞う。

いくらお金や権力があろうと、また素敵な恋人がいようと、いい友人のいない人生ほど、寂しいものはないと思う。

確かに友情は、利害損得ではない。しかし、だからといって、馴れ合いや腐れ縁はもちろん、ただ心地いいだけの関係も僕はいらない。この人と友達でよかったと思えるのは、単なる損得では計れない〝ギフト〟を得られた時だ。それは精神的なものであることもあれば、現実的なものであることもある。どちらか一方が得るだけだったり、助けられるだけだったりする関係は長続きしない。

仕事や恋愛は見返りを期待せず、圧倒的努力をすれば、その結果、時として実りがある。しかし、友情は常に「与える—与えられる」の関係があってこそ成り立つ。それが切磋《せっさ》琢磨《たくま》ということであり、お互いを成長させるのだ。

見

人は友人から、思う以上に大きな影響を受けます。

僕がそれを痛感したのは、学生時代でした。例えば、よく勉強する人たちばかりのゼミに入れば、自分も負けないように勉強します。逆に学校に来ないような友人ばかりだと、一人で張り切っていても長続きしません。就職活動の時、「会社のために必死で働くなんて、馬鹿馬鹿しいよね」という冷めた友人ばかりがまわりにいると、活動する意欲を失い、結果的に自分の価値を下げてしまう。

自分一人で高いモチベーションを保つのは殊のほか難しく、人はみな、友人から多大な影響を受けます。それは会社に入社しても同じで、職場の仲間から受ける影響は甚大です。

僕も社会に出てからは、付き合う人を選ぶようにしました。三木谷《みきたに》浩史《ひろし》さんや堀江《ほりえ》貴文《たかふみ》さんなどがそうです。

僕は、彼らがまだ何者でもない頃から親しくしていますが、自分を含めて共通していたのは、志が高かったこと。お互いに切磋琢磨しながら、いい影響を受けたり与えたりすることができたと思っています。

僕には昔から、周囲の人が不思議なほど社会で成功していくイメージがあるのですが、決して偶然ではないと思います。もちろん、僕を含めた誰かがつまずいて脱落することもある。でも、しばらくすると、また帰ってきます。何とかして、あの水準に戻ろうとがんばるからです。友達というのは、ある水準を共有し合うものなのです。

しかし一方で、「友情だけはギブアンドテイク」というのは、すごく寂しい話でもあります。

友情すら、計算に基づくものだという考え方に、多くの人は抵抗を感じるかもしれない。

僕にも仕事とは関係ない、ただの友達だと思っている人たちがいます。でも実際には、やはりお互い、何らかの形で良い刺激を与え合っているのです。そうでなければ目線が異なり、話が合わなくなってしまいます。

見城さんのまわりには、いつも勢いのある人たちが集まっています。僕もその中に加えてもらっていることは、光栄です。でもこれは僕にとって、プレッシャーでもある。見城さんに見向きされなくなることは、僕に付き合う価値がなくなったということを意味するからです。

馴れ合いや腐れ縁に振り回されていたら、ビジネス社会ではお互いが足を引っ張り合うだけです。見城さんは、僕が落ちぶれても友人でいてくれるかもしれない。仮にそうだとしても、それはたまたまでしかありません。ビジネス社会で生きる者同士であれば、そんな甘えた心構えは捨てるべきだと思います。藤

年賀状は出すな

習慣のマンネリズムほど憎むべきものはない。
それを続けることは、もとより何も生まない。
あとには生ける屍《しかばね》になった自分が、
立ち尽くしているだけだ。

一年を通じてお世話になった人には、きちんと封書で手紙を書くべきだ。年賀状など、出すだけ無駄である。

僕も、高校三年生までは、毎年年賀状を書いていた。干支《えと》の動物を、自分なりに工夫してイラストに仕立てたものだ。例えば午年《うまどし》なら、馬が飲み屋のカウンターで酔い潰れているような絵を描いていた。

大学に入ってから、年賀状を書く時間は無駄だと思うようになった。その時は、ただ面倒で書かなくなったのだが、社会人になってからも、僕は年賀状を書いたことがない。

確かに、長年会っていない友人や知人に、一年に一度の挨拶をするという意味では、年賀状の効用はあるかもしれない。

しかし、よく考えると、これほど国民全体にくまなく浸透しているのは、異様ではないか？　年賀状という習慣は、日本郵政を儲けさせるための、一種の国家的陰謀ではないかとさえ、僕は思う。そんなものにわざわざ乗る必要はないだろう。

自分からは出さないが、僕のところには、毎年何百通も年賀状が届く。特に大嫌いなのは、印刷された出来合いの年賀状だ。「こんなもの、くれなくていいよ」と思う。もらっても、うれしくも何ともない。せめて一行ぐらい、自筆で何か加えてくれればいいものを。

年賀状を書かないかわりに、十二月になると、僕は一年を通してお世話になった人には手

紙を出す。大体、十人前後だろうか。封書で便箋六、七枚は書く。自分の気持ちを相手にキチッと伝えたいと思うから、時間がかかる。手紙を書くために、年末は必ずホテルにこもっていたこともあった。書き終わった後、ゆったりと浸《つ》かる風呂は実に気分がいい。

年賀状を五百通出したとして、一体どれだけの効果があるだろうか。五通でも、ちゃんと心のこもった手紙を、悪戦苦闘して書いたほうがよほどいい。

達筆でなくても、うまい文章でなくてもかまわない。直筆の字には、思いが出るものである。古臭いと笑われるかもしれないが、メールではダメだ。筆速も筆圧も伝わらないので、非常に事務的な感じがしてしまう。感謝したい人、お世話になった人には、直筆の手紙を書くべきである。

お中元やお歳暮も同様である。決まり事のように、ほどほどのものを贈るのはいかがなものか。あの人にはこれが似合うと思ったものに出会った時々に、贈ったほうがたとえ安い物でもよほど心がこもっている。

ちなみに幻冬舎は、お中元もお歳暮も贈らない。日常の日々の中で誠意を尽くしていれば、そんなものは必要ないと思っているからだ。実際、その人にピッタリのものを手に入れるために、死力を尽くすこともある。

真心を忘れ、形式的に世間と同じことを繰り返すのは、愚の骨頂である。(見)

子供の頃は、年賀状を読むのが楽しみでした。元旦、郵便受けに入った、輪ゴムで留められた分厚い年賀状の束を、父宛、母宛、そして自分宛に分けるのが、朝一番の僕の仕事でした。

でも、社会に出て十数年経ち、送られてくる大量の年賀状には、形骸化したものしか感じません。名刺を配った分だけ大量に年賀状が届きますが、会社で発注した、プリントされただけの年賀状を見ても、うれしくも何ともありません。

これは、スパムメールが生まれた状況とよく似ていると思います。メールが普及し始めた頃は、配信されるダイレクトメールやメールマガジンを、誰もがよく読んでいました。でもそのうち、それらが誰にでも送られている不要なものであることに気づき、スパムメール、迷惑メールと呼ばれるようになった。

ただし例外はあります。手書きでメッセージが添えてあるものは、秘書が選《よ》り分けてくれるので、ちゃんと読みます。心のこもったちょっとした一言は、うれしいものです。本当に自分のことを考えて書いてくれたメッセージであれば、なおさらです。

でもそれを伝えるのが、年賀状である理由は、今はもうないかもしれません。若い世代同士であれば、フェイスブックやミクシィで、新年のメッセージを伝えるのが自然ではないでしょうか。それらのお陰で、一昔前ならすっかりご無沙汰してしまっている人とまだつながっていることも多いはずです。

お中元、お歳暮に関しても、お互いの秘書が選んで贈り合い、礼状は秘書同士の文通のようになっている状況も見受けられます。会食後の手土産交換も、接待じみてしまうので、僕としては避けたいことも多いのですが、自分だけ手ぶらで行くのは決まりが悪いので、つい惰性で持っていってしまいます。

このような習慣をどこでやめたらいいのか、正直言って僕にもわからないです。しかし見城さんは、会食の数日前に電話してきて「手土産とかなしだからね」と伝えてくれることがあります。どうしたらいいか困っている僕に対する、細やかな心配りを感じる。そういう時、やはり仕事ができる人だなあと感心します。それは地位や能力ではなく、人としての問題だと思います。

ビジネス社会に根づいた形ばかりの習慣を、心あるものに変えることは容易ではありません。相手のことをよく考えて喜ぶものを思いついたら、それは一つ大きな仕事をやり遂げたも同然です。

メッセージでも贈り物でも、ただ慣習に従うのは意味のないことです。相手の心に届いたとき、初めて意味が生まれるのだと思います。藤

情けあるなら、今宵来い

百万語を費やしたところで、
たった一つの行動には敵わない。
その行動は、早ければ早いほどいい。
一番いいのは、今すぐ行動に移すことだ。

僕には、尊敬する歴史上の人物が四人いる。

戦国大名の織田信長。「大塩平八郎の乱」を起こした大塩平八郎、松下村塾を主宰した吉田松陰、そして奇兵隊を創設した幕末の志士、高杉晋作である。

四人とも、破天荒でオリジナリティーにあふれ、どこか狂気をはらんだ男たちである。彼らは極端に生き、そして散っていった。

「真があるなら、今月今宵。あけて正月、だれも来る」

これは、高杉晋作の言葉として知られている。死を覚悟して決起する時、傍観を決め込む陣営を訪ねて、唄ったとされている。僕はそれを翻案して次のように言っている。「情けあるなら今宵来い。明日の朝なら誰も来る」

「情けあるなら、今宵駆け付けてくれ。同志として一緒に事を成そう。この辛い今こそ、君が必要なんだ。明日の朝だったら、何人かは来るだろう。しかし、明日の朝では、もう遅いんだ。来てくれても嬉しくもなんともない。本当の同志として、俺は認めないよ」

人は、口ではいくらでもいいことを言う。しかし、実際に行動で表す人は、ごくわずかだ。無理を伴うものであれば、なおさらである。でも、それをする人は、揺るぎない誠意のある人だ。高杉はこう呼びかけることで、本当に命を賭ける気がある人だけを、選《よ》り抜こうとしたのだ。彼は人の心の機微を深く理解した、悪魔的な男なのである。

もう三十年以上も前の話になるが、僕も同じような言葉を言われたことがある。

二十九歳の時、恋人のいる女性を好きになった。彼女も僕のことを憎からず思っているようで、二人の関係が煮詰まってきたある晩、結論が出なくて、二人で彼女のマンションの近くにある神宮外苑を、別れがたくて夜明けまで何周も歩いた。しかし、「見城さんのことは大好きだけど、お世話になった今の彼とは別れられない」と振られてしまった。

次の日、僕はショックで会社を休んで寝ていた。夜の九時半頃、仕事で大阪にいる彼女から、泣きながら電話がかかってきた。

「私はやっぱりあなたを愛してる。あなたのいない人生なんて考えられない。いたたまれないほど、あなたに会いたい」

電話口から、彼女の熱い思いがひしひしと伝わってきた。しかし、夜も遅い。新幹線は、もうない。

僕は家にある現金を掻き集め、タクシーに飛び乗った。大阪まで、二十万円以上かかった。当時の僕には大出費であった。しかし、明日の朝では意味がないのだ。その夜僕らは初めて結ばれた。

無理をして、初めて人の心を打つことができる。恋愛でもビジネスでも、これは同じである。

無理をすれば、相手と強い信頼関係ができ上がる。それが望ましい大きな結果を生むのだ。(見)

昔のテレビドラマには、好きな女性のアパートの前で、男性が寒さに震えながら長時間女性の帰りを待つシーンがよくありました。相手のために無理をするのが、愛の証明になる時代だったのです。

でも今なら、みんな携帯を持っているから、「今どこ？」のメールや電話で済んでしまう。

コミュニケーション手段の発達や、ストーカーという言葉の浸透により、恋愛で無理のできない時代になってしまった。意外な行動を取って、相手に感動を与えることが難しくなったのです。着信履歴の山を築けば、熱意が伝わるどころか相手に恐怖を与えてしまうのは、最近では誰もが知るところです。

恋人同士でも、メールを送るタイミングを計ったりする、腹の探り合いがメインになってしまいました。僕より下の世代になると、告白も別れ話もすべてメールで済ます人もいる。絵文字のハートの数に一喜一憂するうち、空気を読むことだけ上手くなると、熱意を伝えるにはどうしたらいいか、わからなくなってしまいます。

空気を読むのと相手に合わせるのは別のことです。ある場面で、この立場にいる自分はどうすべきかわきまえるのが、空気を読むことです。そのうえで自分はこうしたいと伝えなければ、相手に合わせるだけになってしまう。

僕は「空気を読む」という言葉が、少し広まりすぎたと思っています。「空気の読めない奴」というのは、今やダメ人間の代名詞のように使われてしまっています。僕は空気を読み過ぎて、自分が「空気」のようになってしまった人を、これまで何人も見てきました。学生時代には個性的で目立ち、後輩にも憧れられていた人が、大企業に就職し、会社の看板を背負って、出世ルートから外《はず》れないよう保守的になっているうち、いつの間にか個性を失い、普通の目立たない人になってしまうのです。

だからこそ僕は、〝AKY（あえて空気を読まない）〟も大事だと思っています。立場をわきまえることは大切ですが、空気は読めるけど、あえて読まずに取る行動こそが自身の存在感につながり、人の心を打つのです。

九〇年代初頭、武田鉄矢さんが主演した、『101回目のプロポーズ』というドラマがありました。走ってくるダンプカーの前に飛び出した武田さんの、「僕は死にましぇーん！　あなたのことが好きだから」という名台詞《めいせりふ》で有名です。

見城さんが好きな女性に取った行動は、これと同じことだと思います。決死の思いで普段しないことをしたから、相手の心を打ったのです。

確かにネットの発達により、見城さんや武田鉄矢さんのような思い切った行動に出ることは難しくなりました。でも人生やビジネスには、やはり勝負時があります。

その時必要なのは勇気です。携帯やメールが普及した時代だからこそ、会いに行き、相手の目を見て大事なことを伝えることが、昔以上に相手の心を動かすのではないでしょうか。㊕

第三章

仕事で勝つ心掛け

ヒットしたものは　すべて正しい

「事実」は、常にたった一つしかない。
「事実」の前で、どんな言葉を並べたててみても、
それは言い訳に過ぎない。
まず「事実」を受け入れること。
ビジネスも人生も、そこにしか突破口はない。

「あんなくだらない本、売れてもしょうがない」

出版の世界では、よくベストセラーになった本を指さして、そう言う人がいる。その人が、どれだけハイレベルな仕事をしているのか知らないが、見当違いもはなはだしい。自分の作った本が売れないことの、負け惜しみにしか聞こえない。

ヘアヌード写真集であろうと、芸能人のスキャンダラスな本であろうと、金儲けのハウツー本であろうと、ヒットしたものはすべて正しい。大衆が無意識に嗅ぎ当てた価値が、そこにはある。だからこそ、売れたのだ。

テレビの視聴率も同じである。「あんな低俗なものは子供に見せたくない」と世の良識家に誹《そし》られる番組から視聴者が離れないのは、そこに彼等が価値を見出しているからである。

売れたものは、リスペクトしなければダメだ。ヒットしたもの、ブームになったものはすべて正しいと思っていなければ、本当の意味でビジネスに向かっていくことはできない。

特に出版界には、自分たちは文化的でグレードの高いことをしていると思い上がっている輩《やから》が多い。一段高いところに立ち、大衆を見下しているのだ。そのような傲慢《ごうまん》な姿勢を崩さない限り、ヒット作など作れるはずがない。

売れた本は、いい本である。しかし、いい本が売れるとは限らない。それだけが真実なのだ。そのことを常に自分に言い聞かせていなければならない。

これはもちろん、出版人に限った話ではない。本だけでなく、商品やサービスを提供する

すべてのビジネスマンに通じることだ。そしてヒットした製品には、他社のものであろうと、敬意を払うべきだ。

書店に並ぶ数多くの本から、一冊を手に取り、レジへ行き、混んでいる時は列に並んで、財布からお金を取り出すというのは、とても大変なことである。洋服でも、スイーツでも同じだ。買う人がその製品に価値を感じなければ、購入しないだろう。

ヒットしている商品やブームになったものがあれば、僕はいつもそれを自分なりに分析する。考えても、わからないこともある。それでも、否定してはいけない。そこには僕の知らない価値が存在している。自分がそれを面白いと思うかどうかは、単なる主観である。一方、売れたことは、動かない現実だ。現実は、必ず主観に勝る。

出版人に限らず、多くのビジネスマンは、なかなかその考え方を受け入れることができない。ヒットしたものを前にすると、「自分の作った本のほうが面白いのに」「自社の製品のほうが優れているのに」と考える。まず、そうした無意味な自己肯定を捨てるべきだ。

ビジネスマンは、「売れる」という厳粛な事実に対して、どこまでも謙虚にならなければならない。

ヒットに通じる道の入り口は、そこにしかない。㊎

何かがヒットすると、ネットではそれに対する意見が真っ二つに分かれます。一つは、批判と悪口。もう一つは、手放しの称賛。でも僕は、二つの意見の根っこにあるのは同じものだし、どちらを書き込むのも同じ種類の人だと思っています。

自分の立ち位置に有利なほうへ市場心理を誘導しようとして、発言することをポジショントークと言います。ネット上での喧々囂々《けんけんごうごう》も、これと同じと言っていい。自分に都合のいい商品がヒットすれば褒めるし、都合が悪ければ悪口を言う。それだけのことです。批判は、一皮むくと嫉妬《しっと》が露《あら》わになるし、称賛の下にはエゴがあります。

中でも一見冷静で、説得力があるように思えるのは、倫理や社会性に鑑《かんが》みる立場から述べられるもの。「こういうものは、社会的にいかがなものか――」

しかし、これもまた、自分の立場や利益を隠したり、嫉妬やエゴをもっともらしい理屈で包んだりしているにすぎません。

批判でも称賛でも、プロの評論家を除き、第三者としてヒットしたものを評価するような発言は自分の価値を下げるだけだと思います。そればかりか、自分の利益や立場に固執し、かたよった感情に取りつかれていると、自分の物差しでしか物事を見られなくなってしまいます。そうなると、なぜそれがヒットしているのか、本質を見極める目を持てなくなるのではないでしょうか。

ネットの時代になり、誰もが評論家のように振る舞う傾向が強くなりました。ブログやS

NS、ツイッターの登場により、以前よりはるかに簡単に、自分の意見を発表できるようになった。ネットには、人物や企業、商品などに対する批評があふれています。これほど膨大な批評があるということは、人間にはそもそも、評論する欲求が備わっているのかもしれません。

最近では経営者でも、他社の事業を論評している人をしばしば見かけます。でも自社がたいした成果も上げられていないのなら、それは恥ずべきことだと僕は思います。経営者ならば、評論される側に立つべきです。

僕は、評論家や記者、アナリストには一定の敬意を持っています。彼らは、批評することが仕事です。だから、わが社について納得できないことを書かれたりしても、一応は受け止めます。でも、評論のプロではない人があれこれ言うことすべてに聞く耳を持つ訳にはいきません。本人の自覚があるなしにかかわらず、必ずポジショントークが交ざっているからです。

「現実は、必ず主観に勝る」という見城さんの言葉は、まったくその通りだと思います。商品でもサービスでも、何かがヒットした時、それは現実です。まずその現実を受け止めなければならない。自分の物差しを持ち出して、とやかく言っても意味がありません。

感情を抜き去り、なぜヒットしたのかを必死で見抜く努力をする。そうしなければ、自分がヒットを生み出すことはできないのではないでしょうか。

（藤）

成功は失敗の基

「失敗は成功の基《もと》」
という言葉は、単なる気休めにすぎない。
それよりも成功の中にこそ、
次の敗因が潜んでいると思わなければならない。
一回の成功など、さほど難しいことではない。
難しいのは、それを続けることだ。

「失敗は成功の基」、この言葉は当たり前すぎて、僕にはまったく響かない。そもそも失敗のないビジネスなどあるはずがない。また、失敗から得る教訓は確かにあるが、あまり失敗ばかりしていると、立ち上がれなくなってしまう。

僕はむしろ、成功にこそ失敗の要因が潜んでいると思う。うまくいった時こそ、それがつまずきの元凶《げんきょう》だと思うべきだ。

商品やプロジェクトなど、圧倒的努力をしてつかみ取った成果であっても、次また同じやり方をしてはダメだ。それは、自分の成功体験に寄りかかることである。成功体験に依存した時、人は腐敗し始めるのだ。

時代の空気も、大衆のニーズも、日々動いている。今日成功したものも、明日にはもう通じないと思ったほうがいい。これは逆も言える。昨日失敗したからといって、それが今日もうまくいかないとは限らない。

「柳の下のドジョウ」という言葉がある。経験から言って、間違いなく柳の下にドジョウはいる。これが悩ましいところだ。しかし、それも二度目まで。三度目には、もういない。そう決めたほうがいい。

成功体験を打ち壊さなければ、先に進むことはできない。それは苦しいことである。人間は、昨日と同じ今日のほうが、楽だからである。昨日と違う今日は、辛いのだ。

今日も明日も明後日も、昨日と同じだと思うことは、油断であり怠慢である。それが積み

重なって、いつか失敗どころか、大崩壊を起こす。成功体験に寄りかかり、スムーズに事を運んだため破滅した事業家を、僕はこれまで何人も見てきた。

成功した時こそ、気を引き締めなければいけない。これは口を酸《す》っぱくして、自分に言い聞かせるべきだ。

このことは、僕が最近再開したウエイトトレーニングにも通じる。

九十キロのバーベルを一度上げて満足していると、決して九十五キロを上げることができない。

一回しか上がらなかった九十キロを三回できるまで、歯を食い縛ってグーッと上げる。すると、それから二週間後に、九十五キロが上がるのだ。（でもその後、百キロを持ち上げるのに、二年かかったりするのだが……。）

僕のウエイトトレーニングは、いつも前に上げた重さを否定することから始まる。そうしなければ、次のバーベルを上げることはできない。常に前回の成功体験を捨て去る。苦しみ抜いて得た結果に満足したら、その先はない。

仕事も同じである。もう限界だと思っても、次に進むという苦しみを、自らに課すのだ。

そうやって生きれば、人生は面白い。　見

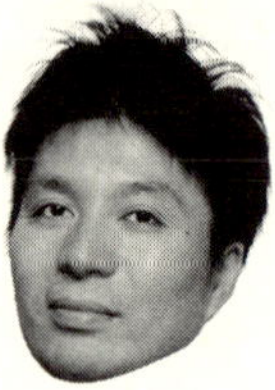

僕がビジネスの主戦場としているネット業界は、自分たちで自身のビジネスモデルを壊し、先に進まないといけない。そうしないと、ビジネスモデルなどあっという間に陳腐化してしまいます。次々に新しいサービスが生まれ、環境が激しく変化するからです。たとえ成功していたとしても、常に危機感を抱いていないと、成功そのものが足枷《あしかせ》になってしまいます。

その一方で、僕自身、つくづく実感していることですが、世の中は、成功者をどんどん慢心させるような仕組みになっています。それは実に巧妙にできていると感じることさえあります。

成功していると、何を言っても、まわりは「なるほど！　さすがですね」と持ち上げてくれる。皆がちやほやしてくれ、誰も苦言を呈さなくなる。天狗《てんぐ》にならないほうが、難しい状況に置かれます。

一方で、成功すれば嫉妬され、たくさん悪口も言われます。そうなると、その中に本当に有益な忠告が交じっていたとしても、悪口と見分けがつかなくなってしまうのです。

二十代半ばで経営者として注目を浴びてから、僕はネット上に、批判はもちろん、ありとあらゆる罵詈《ばり》雑言《ぞうごん》を書かれてきました。根も葉もないことを、さも本当のように書かれたことも数えきれないほどです。

最初は、いちいち腹を立てていました。書き込みはほとんど匿名《とくめい》のため、僕は泣き寝入りするしかありません。しかし、人間はどんなことにも慣れるもの。そのうち僕には、悪口に対する免疫《めんえき》ができてきました。

ただ鈍くなったのとは、少し違います。批判や悪口はやはり気になる。人から言われて一瞬ムッとしても、頭の片隅から離れないものは、核心を衝《つ》いていると判断するようにしています。それが僕の場合、慢心を戒《いまし》める働きをしているようです。ネットの書き込みのおかげで、調子に乗らずに済んでいるのだと思います。

そういう意味では最近の若い経営者は、ネットを日常的に使いこなしているため、成功しても常に批判を浴びて、裸の王様になりにくいという、ありがたい状況に置かれているといえるかもしれません。

成功しても慢心せず、危機感を持ち続けるのは、相当意識しているつもりでも、自分一人では困難です。

「成功は失敗の基」ということの話は、ダイエットにたとえるとわかりやすい。ダイエットは成功した瞬間、リバウンドの危機が訪れます。

食欲を抑えるには、テレビ出演や結婚式など人前に出るのが一番いいと聞いたことがあります。第三者の目が何より効果的なのです。

ビジネスもダイエットと同じ。セーフティーゾーンなど、ありません。㊕

会議には懐疑的

大勢で話し合ったからといって、
物事は必ずしも解決に近づかない。
互いの考え方に注意を払いながら、
理解を深め合うには、
むしろ対話のほうが優れている。

日本人は、会議が大好きだ。何かと言えば大勢で集まり、話し合いたがる。しかし、中身は大したことのない場合が多い。それは議論するというよりは、出席者の合意を得るために行われる。責任が一人に集中することを嫌がり、分散させたがる。そのため結論も、あたりさわりのない凡庸なものになりがちだ。

僕は、会議が嫌いだ。なぜなら、判断するのは僕だからである。新刊の部数も定価も僕が決める。広告の中身も、メディアの選択も僕が決める。もちろん、実際の作業はデザイン室や編集担当者が行うが、アウトラインや最終的なコピーを決めるのは僕である。大勢の意見を聞き入れたうえで、それらを比較したり、調整したりすることに、意味があるとは思えない。したがって、僕が主宰する企画会議もない。企画は編集者と一対一で決めるのだ。

しかし僕は、決してワンマン社長ではないと思っている。部下の意は十分に汲《く》んでいるつもりだ。そのコミュニケーションを、会議を通しては行わないだけである。

十人を集めて会議するよりも、僕は社員一人一人、十人と話したほうがいいと思っている。廊下ですれ違ったときに呼び止めて、五分ぐらい立ち話をしたり、携帯電話で相談したりする。編集部にある僕の席では、いつも社員の誰かが、僕と話している。

つまり一対一のやり取りが、僕にとっての会議なのだ。

対話はコミュニケーションの基本であると同時に、理想形でもあると思う。無駄がなく、考えを煮詰めやすい。夜中でも日曜日でも、たとえ元旦でも、僕は部下に電話をする。大勢で話し合うと、気が散りやすく、考えを深めにくい。見栄も働くし、意見を述べている時、他の人に割り込まれることもある。無駄が多く、やたらと時間を取られる。

こうした弊害は、部下と一対一のコミュニケーションが密に取れていれば解消される。会議というものの存在意義もなくなるはずだ。

普通、そうすることは煩雑《はんざつ》とか、物理的に無理と考えられているため、会議というものが行われる。でも僕は、そうは思わない。

僕の机は、編集部にある。社長室もあるにはあるが、来客の際、応接室がふさがっている場合にしか使わない。僕は会議と同じくらい、社長室にも懐疑的だ。あんなところに一人で閉じこもっていて、一体、何ができるというのだろう。

社長こそ、現場にいなければならない。編集部の中はすべてが息づいていて、それを肌で感じることができる。面白そうな企画の話が持ち上がっていれば、僕も参加できるし、部下の電話のやり取りが気になれば、時を置かずに意見できる。さまざまなチェックや指示をする際も、改めて場を設ける必要がない。

そうした現場のライブ感に身を委《ゆだ》ねることから、ビジネスの結果は生まれる。会議は思いのほか、ビジネスのリズムを悪くし、生彩を欠いたものにする。

新しいものはすべて、躍動するリズムから生まれるのだ。　見

僕の一日はひたすら会議に費されます。出社から退社まで、会議が十数本。それを千本ノックのようにこなしているのが日課です。

僕にとって社長室は休憩所。以前はガラス張りだったこともありますが、今は完全な密室です。そこを唯一、誰とも話さなくて済む静かな場所にしたかったからです。一日のうち社長室に滞在する時間は、タバコを吸う人が喫煙所にいる程度。だから多くの人がイメージする社長室とは違い、ただの物置のような部屋になっています。

一日に十数本の会議といっても、中身のない会議や、いらなくなった会議はすぐにカットして、必要なものと入れ替えます。人数も、基本的に八名を超えないように気を付けています。八名を、皆が議論に参加できる最大限の人数だと考えているからです。また、報告が主体であればメールなどでも済むため、知恵を絞ったり、決断を伴ったりする会議だけを残します。

だから、集中力を要する全く気の抜けない会議ばかりが、毎日ぎっしり詰まっています。僕は、一日の仕事が終わると、並大抵ではない疲労感に見舞われます。物理的な移動は少ないため、肉体の疲れはないはずなのに、誰よりもハードワークをしているという実感があります。

僕は会議をリストラしたり、中身を見直したり、人を入れ替えたりすることを「会議のメンテナンス」と呼んでいます。大勢が参加する日本企業の会議が無意味に思えるのは、このメンテナンスを怠《おこた》っているからではないでしょうか。

会社は生き物のように日々変化しています。その時はベストな形で定例会議を始めても、いつか実態に合わなくなるし、招集された人も、いずれ参加する必要がなくなる時がやってきます。常に会議の主宰者が気を配り、メンテナンスしていなければ、意味のない時間を過ごすことになります。それは会社にとってコストの無駄遣いです。

多くの人を一つの場所に集め、たくさんの時間を費やす会議のコストは想像以上に膨大です。常にその費用対効果を意識していなければなりません。

現在のわが社の収益を支えている主だった事業や、革新的な成果を挙げた組織制度などは、振り返ってみれば、ほとんどすべて会議から生まれています。

うちのようなネット企業のオフィスでは、みんながパソコンに向かって作業しているので、話しかけても仕事をとめてしまうだけです。またメールなどでのやり取りでは、深い議論はできません。「事件は会議室で起きてるんじゃない。現場で起きてるんだ」という映画の名台詞がありますが、当社の場合、肝心なことは会議室で起きています。

だからこそ、メンテナンスに気を抜かないことが大事なのです。僕は「会議には懐疑的」という言葉を、「会議があるべき姿になっているのか、常に懐疑的に見よ」と解釈します。㊫

横綱ではなく、十勝五敗を続ける
大関を目指せ

すべてを手に入れようとするのは、
幼稚極まる発想である。
失うことの怖れを一つ消すことができた時、
それは一歩成長したということなのだ。

大人になったら、一つ得るためには、血を流して一つ失うということを覚えたほうがいい。それをわきまえることが、大人の条件である。「あれも欲しい、これも欲しい」は、子供の言うことだ。相撲を例に取れば、十四勝一敗や十五勝〇敗で勝つのはもちろんいいことだが、その中の二勝や三勝は、必ず次の敗因を含んでいる。それを自覚しないで勝っていると、いつか一勝十四敗か二勝十三敗がやってくる。要は、あえて自分で黒星を作れるかどうかが、その人の器量につながるのだ。十勝五敗でずっと勝ち越す。それができれば、どのビジネスもうまくゆく。

藤田君は、そのことをよく理解している男だと思う。

最近、藤田君と話していて、とても感心したことがあった。前々から藤田君は、ある名門ゴルフ場のメンバーになりたいと思っていた。そのゴルフ場は、入会の審査がとても厳しいことで有名だ。社会的な地位だけでなく、人間としての品格が認められないと、入会はできない。

僕は幸運にも、以前からそこのメンバーだったし、藤田君を推薦してくれる人間も何人かいる。僕は彼に「そろそろいいんじゃないか」と、入会を勧めた。

しかし、藤田君は、

「いや、僕にはまだ分不《ぶんふ》相応《そうおう》です。もう何年かして、ふさわしい男になったら、ぜひ協力してください」と頭を下げた。

僕は、その言葉と態度に心を打たれた。今の彼なら、周囲の協力があれば、おそらくメンバーになれるだろう。目の前にあこがれていたものがあるのに、自分を抑制し、手を伸ばさなかった。彼はあえて黒星を作ったのだ。これは彼ぐらいの年齢だと、なかなかできないことである。

勝敗のバランスを、自ら取っているのだ。自覚したうえでの黒星は、大した痛手にはならない。この機会を失ったかわりに、彼はきっとほかで何かを得るだろう。

ビジネスは当然、勝たなければいけない。しかし、負けてもいいというところでは、無理して勝とうとしないことが大切だ。藤田君は、絶妙なバランス感覚の持ち主なのである。

先日、大関魁皇《かいおう》が通算一千四十七勝の大記録を作り、現役を引退した。もし魁皇が横綱にまで上り詰めていたら、こんなに長く続けることはできなかっただろう。

横綱になってしまったら、十全《じゅうぜん》でなければならない。ナンバーワンになれば、人の妬《ねた》みや恨みを買い、倒すべき標的にもなってしまう。勝ちすぎることは、敗因を自分で作ることでもあるのだ。

結局ビジネスでは、限られた期間横綱に君臨するより、長いあいだ大関でいるほうが、得るものが大きい。十五戦中せいぜい十勝か十一勝ぐらいで満足すべきだ。

そのバランスをどう取るかは、身をもって知るしかない。これはもちろん、自分の人間力をどう育《はぐく》むかという問題でもある　見

僕が好きなビジネス書『ビジョナリー・カンパニー3』の一節に、こう書いてあります。

「企業の衰退はイノベーションの欠如と自己満足が原因と感じるが、真実は逆。行き過ぎ、成長が速すぎたことが原因になっている」

新しいことに挑戦しなかったことが原因ではなく、実は勝ちすぎたことが失敗の要因になっているケースが圧倒的に多いというのです。意外に感じるかもしれませんが、自らの経験を振り返っても、そう実感します。

また、この本には、「成長を担う人材を集めるより速く売り上げを増やし続けた場合、停滞するだけではない。衰退していく」という指摘があります。体に無理なことを続けていれば、大病を患《わずら》うのと同じだと思います。

会社だけではなく個人にとっても、勝ちすぎることはとても危険です。

まだ中身を伴っていないのに、社会から過度な称賛を浴びたり、多大な期待をかけられれば、それを裏切った時の痛手はとても深くなります。

名門ゴルフ場のメンバーに若くしてなれれば、それに相応《ふさわ》しい人格や振る舞いが求められるでしょう。世間の目が厳しくなると言い換えてもいいかもしれません。その期待に応えられる準備ができていなければ、まだメンバーになるべきではありません。

一流経済人として認められること、仕事や人生のプラスになるような人と知り合える社交場の一員になることは、それ相応の対価を伴うものなのです。

無理な期待がかけられていると感じたら、その都度、いったん適正なところに戻らなければ、長く活躍することはできなくなります。

わざと高い期待をかけておき、みんなをがっかりさせて足元をすくおうとする悪意のある人も出てきます。

昔、年長者に「十年後生き残っていたら褒めてやるよ」と言われました。その時はそんなものかなと思いつつも、まさか自分が生き残れないかもしれないとは思ってもみませんでした。でも実際に十年経つと、当時僕のまわりにいたベンチャー企業家のうち、九割はいなくなっていた。成功した後生き残ることは、それほど大変なのです。

その年に躍進した企業家に与えられる、ある賞があります。でも、不吉なことに、大賞を受賞したベンチャー企業家は、ほとんど消えてしまっている。

これなどは「勝ちすぎ」がいかに怖いかを、よく表しています。

ビジネスは、記録や賞を目指すものではありません。その年だけよければいいのではなく、ずっと継続させなければなりません。それを常に意識し、「勝ちすぎ」ないようバランスを取ることが大事なのです。㊔

朝令暮改で行こう

一貫性は、あえて持たせるものではない。
それはあくまで、結果として表れるものだ。
刻々と移りゆく現実に対応するためには、
変化を恐れてはならない。

朝令暮改とは、「指示や命令がしきりに改められて当てにならないこと」という意味であり、非常に悪いこととされている。

実際、多くの人は、方針転換や指示の変更を嫌う。

しかし、世界は止まっているわけではない。時々刻々と動いているのである。

朝出した方針や指示が良くないと思ったら、その日のうちに変えるべきである。沽券《こけん》にかかわると思ったり、信頼を傷つけまいとして、そのまま押し通したりするから、結局手遅れになってしまうのだ。

最近、某大手機器メーカーの莫大な損失隠しが明るみに出た。この企業はバブル時代の投資で出た損失を、二十年間もひたすら隠蔽《いんぺい》し続けた結果、それが大スキャンダルとなり、今危機に瀕《ひん》している。これなどは、変えるべきことを早いうちに変えなかったことによる悲劇と言える。

実情にそぐわないと思ったら、柔軟に対応し、変えていくべきだ。硬直した姿勢こそ、諸悪の根源である。

僕は、自分の出した方針が間違っていたと思ったら、真夜中だろうと早朝だろうと、すぐ部下に電話する。だから、僕の部下には土日どころか、盆も正月もない。正直、よくやってくれていると思う。

僕は、誤りはすぐに正したいのだ。時間が経てば、それだけ傷が深くなってしまう。ただ

ちに連絡し、幹部を集めて、まずは素直に自分が間違っていたことを認め、頭を下げる。

ここで変に見栄を張って、「間違えました」と言わないのはダメだ。謝ることは、決して恥ずかしいことではない。それもまた男の器量である。器量を見せれば、人は必ずついてきてくれる。

これは編集者でも営業マンでも同じである。素直に自分の非を認めて、やり方を変えられる人は伸びる。「あいつは、言っていることがコロコロ変わるな」などと言われても、気にしないことだ。

変えたほうが、うまくいくと思えることを、臆《おく》してそのままにしておくのは、最悪である。間違っていると思えたら、すぐに変える。

僕が幻冬舎をスタートさせてから十八年間、朝令暮改の連続だったと思う。部下たちはさぞかし大変だったろう。でも、だからこそ、この出版不況の中、わが社はここまでやってこられたのだ。

不変の戦略は、朝令暮改を積み重ねたうえでしか見えてこない。しかしそれすら、永遠ではないのだ。いつか、変えなければいけない。これが実体験から得た、僕の結論である。

ビジネスにおいて、不変というものはない。

変化を恐れた瞬間、組織は硬直化し、滅び始めるのである。　㊦

ネット業界では、「朝令暮改」は当たり前です。これは業界の外から見ても、すでに十分浸透しているのではないでしょうか。

五年前には、今のようにスマートフォンが主流になるなんて、誰も思いもしなかったでしょう。「これから、この技術が主流になります」と言っていたのに、翌月はほかの技術にスポットが当たり、まったく違う話になるのは、ネット業界でよくあることです。

一年後、ネット業界がどうなっているのか、僕にも想像がつきません。ただ言えるのは、状況に合わせて柔軟に変化しなければ、あっという間に時代に取り残されてしまうということです。

しかしだからといって、「朝令暮改は正しい」という言葉を都合よく使い、意見をコロコロ変えれば、振り回されて迷惑をこうむる人から信用を失うだけです。

朝令暮改には決して外してはいけないポイントが二つあります。一つは、その都度説明責任を果たすこと。もう一つは大きな軸をぶれさせないことです。

説明責任を果たすには、ネットの強みを活かすことが有効です。僕は方針を変えた時、なぜそうしたのか、その背景も含めてタイムリーにブログに書いて、広く関係者に伝えるようにしています。

ブログでなくても、メールやSNSなど、今の時代は即座に説明責任を果たすことができます。昔のように、何かあるたび全社員を一つの場所に集め、声を嗄《か》らして熱弁を奮う必要がなくなりました。

従来の日本企業は意思決定のプロセスはおろか、それを誰が行ったかさえはっきりしませんでした。でも、そうした曖昧模糊《もこ》としたやり方が、今の時代通用しなくなってきたのは、見過ごせない変化です。インターネットにより情報があふれ、透明性が高まっている中、何も説明せずみんなに同じ方向を向かせるのは、もはや困難です。

サイバーエージェントには、創立時から大きな目標があります。

それは、「二十一世紀を代表する会社」になること。

そこさえしっかり見据えていれば、ほかは変わっても構わない。

逆に言えば、方針や戦略を変えても、目標やビジョンを見失ってはいけない。

朝令暮改が当たり前のネット業界においても、軸のない会社はただ迷走するだけです。目指すビジョンもないまま、激しく変化する状況にただ合わせているだけでは、人はついてこなくなり、組織は機能しなくなるのです。

大きな目標（軸）がぶれていなければ、手段は朝令暮改で構わない。後は関係者にその都度説明責任をきっちり果たすことを忘れてはいけません。㊫

メモする—見る—メモする—見る—メモする

人はいつも、嫌なことを忘れながら生きている。
しかし一方で、
同じくらい大事なことも忘れているとしたら、
何と大きな損失だろう。

若い頃は、記憶力のいいことが僕の自慢だった。東京オリンピックの開会式は天皇陛下の開会宣言に始まり、ギリシャ選手団の入場から日本選手団の登場、そして聖火の点灯までを実況中継できるし、吉本隆明詩集の『転位のための十篇』はすべて暗誦《あんしょう》できる。しかし五十の坂を越えて、身に染みてわかったことがある。それは「人は忘れる動物である」ということだ。

四十代後半から、五分前に「あれをやらなきゃ」と思ったことが思い出せないことがあり、以降物忘れが激しくなった。特に困るのは、人の名前である。立場上、人と会う機会が多いせいもあるが、何度も仕事をしている人の名前すら、出てこないことがある。「この話、誰に聞いたんだっけ？」と思っても、思い出せないことなど、しょっちゅうだ。覚えていたはずの古典作品を引用しようとしても、出てこない。知らずに、何度も同じ話をしていることもある。昨晩、どこで誰と食べたかを思い出すのに数十分かかったりすると、情けなくなる。

「この企画をやろう！」と思いついて、これほど確信に満ちたアイディアを忘れるわけはないと思っていても、次の日には、「何だったっけ？」となってしまう。原稿のまとめ方やスピーチの流れを考えていても、一時間後には忘れている。いいフレーズが思いついたときなど、悔しくてたまらない。

だから僕は、何もかもメモを取ることにした。メモを取る以外に、物忘れを防ぐ方法はな

い。ふと浮かんだアイディア、誰かとした約束、本や映画、コンサートの感想、指示したこと、これから指示しなければならないこと……すべて書き留めておく。

それらがびっしりと書き込まれた手帳を、一日に何度も読み返すのである。朝起きて、まず見る。会社に着いたら、また見る。来客が帰ると、今度は話の内容をメモする。僕の一日は、メモする——見る——メモする——見る——メモする、の繰り返しである。僕の頭の中のすべてが、不恰好に膨らんだ手帳の中にあるといっても過言ではない。

この手帳が、どれほど役に立ったかわからない。『弟』『大河の一滴』から最近の『心を整える。』まで、数々のミリオンセラーも、手帳にアイディアやプロモーションの方法を書き込むところから生まれたのだ。

僕はトイレにも、手帳を持っていく。トイレで浮かんだアイディアは、自分の部屋に戻ると、ほかにすることがあって忘れてしまうからだ。真夜中にベッドで思いついたことは、必ず起き上がってメモを取るようにしている。

メモを取り始めて、思ったことがある。それはもっと前から、そうすべきだったということだ。記憶力に自信があり、メモを取っていなかった頃でも、忘れてしまった中に、いいアイディアがいくつもあったのは間違いない。忘れないと思っているのは、思い込みなのだ。人は必ず忘れてしまう。

せっかくのアイディアをメモせず、忘れてしまうことほど、もったいないことはない。

メモこそ、すべてのビジネスマンの基本であると思う。㊙

僕も学生の頃は、記憶力の良さには自信がありました。試験はいつも一夜漬けでいい点数が取れたし、百人一首を一日で全部覚えたこともあります。

でも今は、自分の記憶力を全く信用していません。

理由は年齢というよりも、覚えることが脳の許容量を超えていると思ったからです。会った人も仕事の案件も、記憶力ではまかないきれないほどに膨れ上がってしまっている。社員の名前は覚えていますが、それは記憶ではなく、努力して暗記しているのです。

もう十年ぐらい前からですが、僕は覚えることをあきらめました。それ以来自分独自の方法として、手元にある携帯のメールを使い、いろんなことを記録するようにしています。

仕事のTo Doやアイディア、ブログに書くネタなどを思いつくと、迷わずそれを自分の携帯からメールするのです。人と話している時もそう。いい話だと思ったら、「ちょっと待ってください」と言って携帯に打ち込みます。

メールの宛先は一つ。それは会社の自分のアドレスです。

今では僕の仕事のすべてが、メーラーに入っていると言っても過言ではありません。そして用件の片づいたメールはほかのメールと同様、どんどん削除していきます。例えばブログのネタなら、それをブログに書いたら、削除。読むべき本なら、購入したら削除。そのように一つずつ済ませてゆき、メールボックスが空になると、すべきことは完了したことになります。

逆にメールが残っているものは、用件が未処理ということ。このやり方を始めてから、誤ってメールを削除してしまわない限り、仕事の漏れがなくなりました。

また、宛先を一つにすることが、とても大事だと思っています。

何通りかの方法でメモっていると、どこに書いたかわからなくなる。別のメモの存在さえ、忘れてしまうかもしれません。

現在は手帳も多種多様になり、紙のものだけでなく、さまざまな電子機器があります。ネット上にもツイッターのフェイバリット機能やエバーノートのようなサービスがあり、すべて使いこなそうとすれば混乱してしまうだけです。

情報整理は、一つにまとめることが大切だと思います。それが生活の一部に組み込まれていなければならない。いつも身近にあるものでないと、意味がないと思います。その点携帯は、今やほとんどの人が身から離しません。メモしたい時、手元にある携帯でメモし、仕事中にメールを処理する際、必ず確認することになる僕のやり方は、多くのビジネスマンにお勧めできます。

メールにブログ、ツイッターにフェイスブックと、次々に頭を切り替えなければならない今の時代、十秒前のことすら思い出せないことも多いはず。

まず自分の記憶に頼るのをあきらめることが肝心です。そのうえで、自分に合った仕方でメモを取り、それを別の脳として一ヵ所にまとめておいてはいかがでしょうか。㊇

独占は成功の母

ビジネス社会において、
独占ほど大きな利益をもたらすものはない。
独占を悪だという人がいるが、
それは敗者の論理にすぎない。

巷《ちまた》の大ヒットしたものの多くには、必ず「独占」というキーワードが隠れている。人でも物事でも、独占してしまえば思い通りに戦略が描けるし、それが成功すれば、自分だけが利益を得られる。

伝説のロックシンガー、尾崎豊について書かれた本は、数多くある。しかし、生前、尾崎自身が書いた本は、角川書店からしか出ていない。それらはすべて、僕の編集した本である。僕は尾崎を独占していたのだ。

僕が尾崎と初めて仕事をした頃、彼はまさに光輝く十代のスターだった。僕が企画・編集した『誰かのクラクション』も、ベストセラーになった。その後、尾崎は活動を休止し、渡米。帰国後、覚醒剤で逮捕され、レコード会社ともトラブルを起こした。数多くのスキャンダルにまみれ、二十二歳の尾崎は、すべてを失ったのである。

その日の朝、僕は徹夜明けでヒルトンホテルのスポーツジムにいた。校了した後で神経が高ぶっていたので、一汗流してから帰ろうと思ったのだ。着替えてジムに入ると、ランニングマシンで、荒れ果てた感じの男が、シャドーボクシングをしながら走っていた。男のまわりには、殺気立った異様な雰囲気が漂っている。

「なんだか変な人がいるな。走るのはやめておこう」

僕はサウナのほうに行こうとした。その時、男が走るのをやめ、「見城さーん！」と叫んだ。

男は、無邪気な笑顔を浮かべて近づいてくる。しかし、僕はその小太りの男が、誰かわから

なかった。

「僕です。尾崎です」「おお、尾崎豊か！」僕は驚きを隠せなかった。全盛期の面影はまったくと言っていいほどない。むくんだ青白い顔に、白髪交じりの髪。背中を丸め、すさんだ雰囲気を漂わせる尾崎が、まだ二十代前半だとは、とても信じられなかった。

「僕は音楽業界に騙《だま》された。でも、もう一回ステージに立ちたい。アルバムを出したい。見城さん、僕に力を貸してください」

名誉も金もなくし、ボロボロになった尾崎に、僕は賭けてみようと思った。

僕は人を集め、金を集め、不動産屋を回って、アイソトープという尾崎の新しい事務所を立ち上げた。トレーニング・メニューも僕が作り、肉体改造にも着手した。

そして一九九一年五月二十日、尾崎は横浜アリーナで、劇的な復活を果たすのである。

再会から復活まで、尾崎は、「見城さんのところでしか書かない」という約束を僕にし、二十六歳で突然の死を遂げるまで、それを守り続けてくれた。尾崎のおかげもあって、当時僕が編集長を務めていた『月刊カドカワ』の売り上げは飛躍的に伸び、五冊の単行本もすべて大ベストセラーになった。

つかこうへいとは初めて会って三ヵ月後に、他社では十五年間執筆をしないという独占契約を交わした。ハンコを押させた僕も僕だが、押したつかこうへいもつかこうへいだ。独占は賭けだ。リスクはとてつもなく大きい。しかし、そのプレッシャーに勝った時、上がりもとてつもなく大きくなるということだ。（見）

ネットにおいても、「独占」という考え方を常に意識しておく必要があります。ネットでは、いかなるコンテンツも頭一つ抜け出すことが大変重要だからです。

「ネットサービスの企画を、何か考えてください」

こう言われたとします。本気で考え始めたら、誰でも何かしらの企画を思いつくでしょう。ネットはそれだけ対象範囲が広く、自由度が高いのです。

例えばこの本『人は自分が期待するほど……』をネットで販売することを思いついたとしましょう。でも一冊だけでは、さすがにお客が来ません。それならビジネス書全般を扱おう。いっそ、全部の本を扱う総合サイトにしてしまおう――。

すると最後は「そうだ、本のポータルサイトにしてしまおう!」となります。僕は「○○のポータルサイトを作る」という話を、過去に数えきれないほど耳にしました。これは、自分しか見えていない時に出てくる発想です。残念ながら、そのような企画がうまくいくはずはありません。ユーザーはクリック一つでどのサイトにでも行けるので、総合的なサイトなど必要なく、それぞれのカテゴリーで一番いいサイトに飛べばよいだけだからです。ユーザー側に立って冷静に考えてみれば、頭一つ抜けていないコンテンツに用はありません。

先の、この本『人は自分が期待するほど……』を売るサイトのアイディアで、ネットビジネスとしてうまくいく可能性があるとしたら、独占を活かした場合のみです。この本が買えるのは、そのサイトだけであるとか、ビジネス書全般を扱うのであれば、ほかでは買えない本ばかりだとか、よその真似できない技術があって格段に便利とか、そのようなケースです。

当社の主力事業、アメーバを成功させる際にも独占を活かしました。

アメーバはブログサービスとしては後発です。ブログは本来、システムの軽さや使い勝手のよさで勝負すべきなのですが、残念ながら当時の技術力ではそれができませんでした。その代わり、「芸能人ブログといえばアメーバ」という独占状態を作るため、他社にはない、強力な営業部隊を編成し、差別化を狙いにいったのです。

結果、圧倒的多数の芸能人がアメーバを始めました。若槻千夏《わかつきちなつ》さんや上地雄輔《かみじゆうすけ》さんなどの人気ブロガーも輩出《はいしゅつ》しました。ユーザーも、芸能人ブログ見たさにアメーバに集まってくるので、同じ芸能人ブログでも、他社とアメーバではアクセス数に十倍もの差がつきました。そうなると、これからブログを始める芸能人も、せっかくならアメーバで、ということになり、もう他社は真似しようにも真似できません。

ネットにおいて「独占」は、とても強烈なキーワードです。なぜなら、頭一つ抜け出せれば、そのままユーザーを独占できるからです。藤

第四章

日々の過ごし方

早朝に永遠が見える

一日で最も貴重な時間は、早朝である。
晴れた日の早朝ほど気分のいいものはない。
そこから一日が始まるのと始まらないのでは、
今日という作品の出来栄えが全く違ってしまう。

『晴れた日に永遠が見える』という古いミュージカル映画が好きだ。精神科医の男と、患者として彼の元を訪れた少女のラブストーリーである。何より、タイトルが素晴らしい。「早朝に永遠が見える」は、このタイトルをもじったものだ。僕は晴れた日の朝早く、太陽の昇りかけたほんのり明るい空の彼方《かなた》に、永遠が見えるような気がするからだ。実際、その光景は何万年も続いているはずだ。

僕は、どんなに前日の夜が遅くても、朝六時には目を覚ます。特に五十歳を過ぎてからは、ゆっくり朝寝することなどなくなった。冬であれば、外はまだ真っ暗だ。洗顔し、熱いシャワーを浴びることから、僕の一日は始まる。

僕の住むマンションの最上階からは、晴れた日には富士山がくっきりと見える。シャワーを浴びた後ぼんやりと、青みがかった富士山を眺めるのは、僕にとって最高の贅沢《ぜいたく》である。

出社は十時半。会社に行けば、予定がぎっしりと詰まっている。それまでの四時間が、僕の一番ゆったりとできる時間なのだ。

何をしてもいいという自由が、僕の心を浮き立たせる。読みたかった本を読んだり、録画したテレビ番組をまとめて見たりする。映画のＤＶＤを見るのもこの時間だ。

気が向けば、早朝にスポーツクラブへ行くことも多い。ランニングマシンで汗をかき、バーベルを上げて筋トレをする。一日の運動を、朝に済ませてしまうのだ。

「早起きは三文の徳」とは、昔の人はよく言ったものだ。早くに床を離れ、清々しい朝を過

ごすと、一日の充実感がまるで違う。朝の過ごし方が、その日のよしあしを決定づけるといっても過言ではない。

朝をうまく使える人と、使えない人では、ビジネスでも大きな差が出ると思う。まず、遅くまで寝ている人に比べ、早く起きる人は稼働時間が長い。寝起きのぼんやりした頭で出社したり、仕事を始めたりすることもないので、能率もいい。

特に若いうちは、早起きは辛いと感じられるだろう。ギリギリまで寝て、あわてて準備して会社に向かうというのが、大抵のビジネスマンの実態だと思う。

朝という時間の素晴らしさに気づかず、無駄にしている人の、何と多いことか。起きる時間を見直せば、一日の有効時間を二十五パーセントアップできる。それだけ持ち時間が増すばかりか、全体の密度も濃いものになる。

人生とは、もとより一日の集積である。早起きを続けていれば、きっと人よりも何かを得る機会が多くなるに決まっている。

生というもののとりとめのなさや死の恐怖から、どう脱却するか。これが古来、人間にとっての大きなテーマだった。朝、早く起きたからといって、それが解決するほど簡単なものではない。

しかし、一瞬だが、永遠に続く道筋が見えた気になるのも確かである。(見)

創業の時、一般的な会社に合わせて九時と決めていた始業時間を、最近十時に変更しました。朝九時は、当社にとって早すぎると考えたからです。変えたのは、福利厚生の理由からではありません。あくまで仕事の生産性を上げるためです。寝不足で出社するくらいなら、しっかり体調を整えて会社に来てほしい。満員電車で疲れるくらいなら、そのパワーを仕事で使ってほしいと考えたのです。また自主的に早朝出社している人には、その静かで集中できる時間をもっと延ばしてあげたほうがいいとも考えました。

フレックスタイム制も検討しましたが、見送りました。会社が組織である以上、チームプレーが大切です。その人が必要な時いないと、知らず知らずのうちほかの誰かの仕事を止めてしまうというデメリットがあります。そちらを重視しました。フレックスを導入して失敗した会社の話を聞くと、当日に出社する時間を変える人が出てくるそうです。個人の体調を整えることが、チーム全体の仕事を損なっては意味がありません。

いずれにしても、始業時間を変更した判断は正しかったと思っています。都会に住む当社の若い社員たちは、夜更かしする人が多いせいか、以前より午前中のみんなの表情が、生き生きしている気がします。

見城さんと僕の意見は、一見、正反対のように感じるかもしれません。

しかし、僕は見城さんの言葉に大変共感しました。

僕が始業時間の変更の時に伝えたかったことと、見城さんが言っていることは、全く同じだと思ったからです。

僕は始業時間の変更とその目的を説明したブログ記事にこう書きました。

「朝、後手《ごて》に回ると一日中後手に回ることになります。九時で後手に回っていた人が今度は十時になっても後手に回らないように」

僕が始業時間を遅らせたのは、みんなに朝、その日やるべきことを整理して、しっかりと準備し、余裕を持って一日のスタートを切ってほしいと考えたからです。朝寝坊して、寝不足のまま慌てて電車に飛び乗り、始業ぎりぎりに会社に飛び込むような人では、何かを忘れていそうで、安心して仕事を任せることができません。

以前、僕が勤めていた会社で、しばしば少し遅刻する上司がいました。そんな日は、なぜか遅刻した本人の機嫌が悪く、一緒に仕事をしていて迷惑した覚えがあります。その時、部下の立場ながら、出社する時間を遅らせて、ゆとりを持って仕事をすればいいのにと思ったものです。

朝にゆとりを持てれば、一日をコントロールできる。そのうえで、自分にとってベストの時間に仕事の照準を合わせればいい。それが有能なビジネスマンの時間管理だと思います。㊟藤

ハマらなければ始まらない

熱中すると、我を忘れる。
その時、対象との距離はなくなり、
「己《おのれ》」は消え去る。
でも「己」はしたたかだ。
再び現れる時、大泥棒よろしく
一番大事な宝を奪ってきている。

子供の頃から、僕は本が好きだった。飯を食うのも、トイレに行くのも惜しいくらいむさぼり読み、本の世界に没頭した。

小学校時代は、『ドリトル先生』のシリーズが大好きだった。中学に上がると、『野生のエルザ』シリーズを夢中になって読んだ。どちらも、動物文学の名作である。

人生の中でも一番読書に熱中したのが、高校時代である。僕は勉強はまだしも、運動は飛び抜けてできるわけではなかったし、特にルックスにはまるで自信がなかった。当然、恋にも臆病だった。本だけが僕を満たしてくれた。僕の青春は、本の中にあった。特に、松本清張の推理小説にハマっていた。読んでいると時を忘れた。当時出ていた清張の作品は、すべて読破したと思う。そのほかにも、五木寛之、石原慎太郎、五味川純平、大江健三郎などを読み漁《あさ》った。高橋和巳《たかはしかずみ》もすべて読破した。『邪宗門《じゃしゅうもん》』など、今でも書き出しの二十行ぐらいを暗誦《あんしょう》できるくらいだ。

大学時代は、吉本隆明一色だった。彼の詩にも評論にもハマりにハマった。

読書と同じくらい、音楽にもハマった。中学から高校にかけては、ビートルズに心酔した。彼らが来日した時は、何としても武道館のコンサートに行きたかったが、チケットが手に入らず、涙をのんだ。ビートルズ以外にも、ベンチャーズやクリフ・リチャード、ビーチボーイズも、レコードが擦り切れるほど聴いた。

二十代は演劇にどっぷりと浸かり、足繁く劇場に通った。つかこうへいとは、毎日のよう

に会い、お互い相手の尻の穴の毛まで知り尽くしている関係になった。稽古場にも通い詰め、本番が始まると、毎日観た。僕は今でも『熱海殺人事件』や『蒲田行進曲』のほとんどの台詞を空《そら》で言うことができる。角川書店以外から本を出さない十五年契約も結んだ。それが逆にプレッシャーで、編集者として全力を尽くした作品で彼が直木賞を受賞した時は、やっと義理を果たした気持ちになった。

このように、いろんなものにハマったことが、僕を編集者としてあらしめたといっても過言ではない。それらは僕の血肉《けつにく》となり、仕事をするうえでの強固な基盤になっている。

かつても今も、僕はミュージシャンと仕事をすることが多い。彼らと対等に話ができて互角に渡り合えるのも、十代の頃ビートルズにはまったおかげで得た素養があるからだ。

何かに没頭した記憶を、体は決して忘れない。それが、今の自分と化学反応を起こし、感覚をシャープにしたり、発想をユニークにしたりしてくれるのだ。

何かにハマった経験がない人は、平板だ。熱中することは、その時何の利益がないとしても、やがて実りをもたらしてくれる。アニメでも、ゲームでもいい。オタクと呼ばれても、気にすることはない。とにかく、何かにハマってみるべきだ。ハマることは、本気になることだ。否応《いやおう》なく、心と体がそちらに向いてしまうことである。

自分の中から湧き出してくる情熱が、その人の仕事や人生を決定づける。小手先で研究したり、損得勘定だけで動いたりしている人は、底が浅い。

そういう人を僕は、信用しない。(見)

小学生の頃、僕は将棋に熱中していました。県の大会で優勝したこともあります。読書が好きで、小説家になりたいと思っていたこともある。中学、高校とミュージシャンを目指し、友達とバンドを組んだりもしていました。いろいろなものにハマりましたが、冷めるのも早かった。でもようやく全然飽きないものを見つけました。

僕が今、心底夢中になっているのは仕事だけ。二十歳の時、「二十一世紀を代表する会社を創る」と決めてからは、ずっとそうです。人生で夢中になれるものを見つけたら、見えてくる景色が全く変わりました。

会社を立ち上げた頃は、余裕がなくて本当に仕事漬けの毎日でした。家に帰っても、頭の中は仕事のことばかり。新聞は日経新聞、雑誌はビジネス雑誌、本はビジネス書だけ。テレビは見ませんでした。ビジネスに関するもの以外、全く興味が持てなくなっていたのです。

三年ほど経ち、会社が落ち着いてきた頃、これでは人間の幅が狭くなり、会社のスケールも小さくなってしまうと考えました。それから、学生時代購読していたヤンマガなどの漫画誌をまた読み出し、ゲームも最新のものを揃え、映画や演劇なども観にいくようになった。アウトドアの趣味も増えました。

しかし、仕事にハマっている状態に全く変わりはありません。

そこでわかったのは、その状態にいると、見るもの聞くもの、触れるものすべてが仕事に影響するということです。

漫画やゲームに費やす時間は、一見無駄に思えるけれど、「ここがハマるポイントだな」と提供者側の視点を持ったり、「このセンスは面白いから取り入れよう」と触発されたり、自分の仕事につながってくる。逆に仕事にハマらず遊んでいると、重要なヒントがあっても見落としてしまうでしょう。

だからといって、仕事の一環だと思って遊んでいては意味がありません。心から楽しまないと、正確なことはわからないのです。

エイベックスの松浦勝人《まつうらまさと》社長のブログのタイトルは、以前「仕事が遊びで遊びが仕事」でした。自然体で遊んでいる時触れたものが、そのまま音楽の仕事に活きるのだと思います。だからエイベックスは、いつも時流をとらえた作品を生み出し続けているのでしょう。音楽業界に限らず、単に真面目でストイックな社長の会社からは、遊び心のないものしか生まれないように感じます。

仕事にハマった状態になると、二十四時間すべてが仕事に影響を与える生活に変わります。そうでない人が、仕事の時間だけ集中したところで、とても敵わないのではないでしょうか。

藤

わが友、不眠症

昔の偉人たちは、必ず沈思黙考した。
一方、多忙な現代のビジネスマンは、
一人でゆっくり考える時間を
なかなか取ることができない。
ベッドに入り、眠りに就くまでは、
そのための最適な時間である。

僕は、筋金入りの不眠症である。小学校高学年から今まで、布団に入って三十分以内に眠れたことなどない。

横になって目をつぶりながら、くよくよと今日一日の反省をするからである。

「もしかしたら、俺のあの発言は、人を傷つけてしまったかもしれない」「今日下した決断は、間違っていなかっただろうか？」「今夜の食事の時の会話は、自意識過剰だったかもしれない」……。

思い返せば返すほど、自己嫌悪に陥《おちい》り、頭が冴えて眠れなくなってしまうのだ。

昔は日記をつけることで、一日を検証していた。その日の天気や食べたものから、誰と会って何を話したかまで、一時間以上かけて書いていた。高校生の時から十五年以上にわたる大量の日記帳は、今でもすべて取ってある。高校生の頃の日記など、たまに読み返すと、甘酸っぱい恋の記憶などがあざやかに蘇《よみがえ》り、なかなか面白いものである。

しかし、その長年の習慣も、三十二、三歳の頃書く時間がなくなって、やめてしまった。今は毎晩、頭の中で日記を書いているようなものである。

ベッドに入って横になっても、僕の頭はフル回転している。一日の反省を終えたら、次は今取り組んでいる仕事のことについて考える。「あの新刊の宣伝コピーはこれにしよう」「このテーマでこんな企画をしよう」「自分の指示通りやっているか、チェックしなければ」……。

たとえ真夜中でも、いい案が浮かんだら起き上がり、スタンドをつけ、座ってメモを取

る。人間の記憶は、不確かで曖昧だ。メモしなければ、忘れてしまう。

昔は、眠れない夜が怖かった。ベッドの中で何度も寝返りを打ちながら、窓辺を白々と照らす朝日を憎んでいた。

しかし、今はこれが僕の仕事のスタイルなのだと思っている。ナポレオンだって、三時間しか寝なかったという。僕には、眠れない夜に考えついたことで、仕事がうまくいった経験が無数にある。

人が寝ているときに、眠らないで考えたことが、今の僕を支えている。僕にとって、不眠症は大事な仕事のパートナーなのである。眠れなくてもいいと思うようになってから、夜が怖くなくなった。

昼間は矢継《やつ》ぎ早《ばや》に仕事を処理しなければならない。ゆっくり考え事をしたり、アイディアを練《ね》ったりする時間はない。さまざまなことについて、いろいろな状況を設定しながら、多角的に物事を考えることは、夜にしかできない。

もちろん体を壊してしまっては、元も子もない。しかし、心配事の一つもなく、毎晩ぐっすり眠りこけているビジネスマンなど、どこにいるというのだろう。

仕事を大きく左右するアイディアという花は、夜にこそ開くのだ。㊮

　僕は自己紹介などで、特技を「ブログ」と称しています。はじめは半分冗談のつもりでしたが、今では、僕にとってのブログは、仕事をするうえでも、自分を成長させるためにも、もはや必要不可欠といっていいと思います。

始めたのは、九八年。きっかけは、当社のホームページに、人気コンテンツを作りたいと思ったことでした。その頃は会社を立ち上げて、まだ三ヵ月ぐらい。ベンチャー企業の内情や、僕らの置かれた特殊な環境をみんなに知ってもらいたかった。新入社員を募《つの》るため、職場の様子を知ってもらうという狙いもありました。

　会社が大きくなるにつれ、僕のブログの持つ意味合いは、だんだん変わっていきました。読者は社員や取引先はもちろん、株主、顧客などに広がり、社内の意思統一を図ったり、関係者への説明責任を果たしたりするのに、重要な役割を担うようになったのです。

　僕のブログは、単なる日記ではありません。経営者として何かを決めた時、なぜそう決めるに至ったか、それを誰に、どのような言葉にして伝えればいいか、すごく考えて書かなければならない。それもつまらない内容や、押しつけがましい文章なら読者が離れてしまい、書く意味がなくなってしまいます。

　ブログの更新が滞《とどこお》った時期もありましたが、振り返ると、それは自分の成長が止まっている時期でした。「忙しくて書けない」という人がしばしばいますが、それは惰性で仕事をしてしまっているからではないでしょうか。

会議や面談に加え、メールやSNSなど大量の情報を浴びるように過ごすこの時代、すべてのビジネスマンには立ち止まって考える時間が必要です。普段は、次々頭を切り替えなくてはならず、深く考える機会を逸《いっ》しているからです。

僕と同じ立場の経営者から「よくまめにブログを更新できますね」と褒められることがあるのですが、実際、全然楽ではありません。四方八方に気を配りながら、自分の意見を書くのは容易ではないのです。これはビジネスマンなら、多かれ少なかれ、みなそうだと思います。

それでも立ち止まり、状況を整理し、俯瞰《ふかん》し、深く考えて自分の意見を言葉にする。その作業をしないまま一日を終えてしまったら、明日もまた同じように流されていくだけかもしれません。

僕にとっては、この「ブログを書く時間」がとても大事なのです。

その努力をしている人とそうでない人では、気がつかないうちに大きな差がつくのではないでしょうか。社内を見ても、最初は内容が稚拙《ちせつ》でも、ブログを続けているうちに洗練され、自分の言葉でいいことを書くようになる社員を過去に何人も見てきました。

忙しいビジネスマンは、立ち止まって深く考える時間を持つことがとても大切です。それが見城さんは眠るまでの間、僕はブログを書く時間なのだと思います。㊟藤

一喜一憂は生きている証

人が感情を露わにしたがらないのは、
気取りであることが多い。
その時はおそらく、物を見る眼も曇っている。
感情を押し殺すことをやめると、
感性もまた息を吹き返す。

僕は、一日に十回は営業局に電話をする。本の売り上げを確かめるためだ。全国に展開する大手書店の紀伊國屋書店には、パブラインという、本の売り上げのオンライン・システムがある。それをパソコンで見れば、どの本が何冊売れたか、リアルタイムで知ることができるのだ。大都市に店舗の多い紀伊國屋書店に対し、郊外に強いのが、文教堂だ。文教堂にも、ビッグネットという同じようなシステムがある。

この二つは、広告やプロモーションをどうするか、増刷は何部にするかなど、販売戦略を練るうえで重要な指標になる。

朝、僕が出社すると、昨日のパブラインをプリントアウトした紙が、机に置いてある。野菜ジュースを飲みながら、それをじっくりと見る。昨夜の最後に数字を確認したのに、朝になると少し変化があるのではないかと気になるのだ。見終わったら営業局に電話をかけて、様々な指示を出す。昼からは、その日の売り上げを夜まで何度も確認する。夜中や朝方は、局員が出社していないので、自宅にいる彼らの携帯にかけて、パソコンで見てもらう。僕のしつこさに営業局員は、さぞやうんざりしているだろう。僕はパソコンを操作できないので、営業局員に聞くしかないのである。

数時間おきに聞いたところで、それほど大きく売り上げが変わるわけではない。しかし、局員の報告に、僕は毎回一喜一憂する。一冊でも多く売れれば嬉しいし、売れ行きが悪ければ悔しい。一喜一憂することは、僕にとって刺激であり、そこから次に何をすべきかの手掛

かりを得ることが多い。

「なんだ、初版三万部刷ったのに、これだけしか売れてないの？」と、一憂すれば、何とかして巻き返そうと思う。思っていたより売れて、一喜したら、それで満足するのではなく、喜びをもっと大きくするために、さらなる手を考える。

一喜一憂しないで、ビビッドな戦略を考えることはできない。「小さなことでいちいち気を揉《も》んでもしょうがない」と、鷹揚《おうよう》に構えて仕事をしている人は、厳しいビジネス社会では、生き残ることができないと、僕は思う。

確かに、筋の通ったぶれない心を持つのも大事である。しかし一方で、一喜一憂する繊細さも必要なのだ。

先日、あるアーティストと晩飯を食べた。本の執筆をお願いするためだ。大変盛り上がったが、次にどうしても外せない先約があり、部下を残して、二次会には行かなかった。

僕の言葉は彼に突き刺さっただろうか？　創作の刺激になっただろうか？　帰宅し、深夜ベッドで悶々《もんもん》とした末、僕は部下に電話をかけた。時計は、午前二時を指している。

「あの人、俺が帰った後に、何か言ってたか？」

「すごく刺激になったと言ってましたよ。見城さんの言っていることは自分では気づかなかったと」

その夜、僕はようやく安心し、しばらくして眠りに落ちた。

一喜一憂することは、僕の生きている証《あかし》でもある。㊎

見城さんの話を聞いて、さぞかし幻冬舎営業局の局員はやりがいがあるだろうなと、うらやましく思いました。社長が一日に十回も電話してきて、一喜一憂しているのです。何とかして喜ばせたいと思うでしょう。仕事に対するモチベーションも、否が応でも上がります。

リーダーの集中力や執念が、組織全体に波及するのは言うまでもありません。社長がぼうっとしていたら、社員が必死になれるわけがない。幻冬舎が、なぜあんなに次々とベストセラーを生み出せるのか、少しわかった気がします。

最近、ＦＸ（外国為替証拠金取引）サービスを運営している子会社で、手数料の値下げを仕掛けました。新聞に広告を出したら、ものすごく大きな反響があった。しかし、その四日後には同じくＦＸサービスを運営するベンチャー企業二社が、追随《ついずい》してきた。その意思決定の速さと行動力に驚きました。彼らは、血の通ったいい仕事をしている。競争相手なのに、思わず感心してしまいました。

ビジネス社会は、言うまでもなく競争社会です。業界大手だからといって、安堵《あんど》が社内に蔓延《まんえん》すれば、緊張感がなくなってしまう。それでは突然襲ってくる危機に対処することはできません。

経営者をしていてつくづく感じるのは、会社の空気は山の天気のようにすぐ変わるということ。業績が好調だと喜んでいたら、競合他社の猛追を受けて、一週間後にはピンチに陥ったりする。社内の雰囲気がいいと安心していたら、いつの間にか最悪のムードに変わっている。ひと時も気を抜くことはできません。そうした空気をいち早く察知し、手を打つためにも、リーダーには繊細な感受性が必要なのです。

もちろん、どっしり構えて取り組まなければならない時もあります。すぐには結果が望めず、中長期的に先を見越しながら、ゆっくり育ててゆくようなプロジェクトがそうです。例えばサイバーエージェントの主力事業であるアメーバも、今でこそ二千万人を超える会員がいますが、始めた二〇〇四年からしばらくは、かなり心細い状態が続いたものです。その時には、まわりの言うことに左右されず、必ずこの事業を大きくするという強い精神力が必要でした。

事がうまくいき始めると、人はすぐ「これはいけるんじゃないか」と考える。逆に、雲行きが怪しくなると、たちまち「もうダメだ」と肩を落とす。長期間の取り組みの場合、過度の楽観や悲観は、状況を見誤る原因になります。

しかしそのような事業であっても、一喜一憂は必要です。中長期的な事業は、緊張感を保つことが難しいからです。でんと構えていることが、呑気《のんき》になってしまってはいけない。状況の変化に対して無頓着《むとんちゃく》であってはならないのです。

一喜一憂とは、強い精神力を持ちながら、細やかに感受性を働かせることなのだと思います。藤

日曜はダメよ

仕事に休養は、もちろん必要だ。
しかし、それは解放であってはならない。
人が休んでいる間にコツコツ積み重ねる努力が、
後に大きな差となって表れる。

僕は日曜日が大嫌いだ。朝起きて、日曜だとがっかりする。「今日は会社に行けないのだ」と思うと、悲しくなってしまうのだ。ギリシャ映画に『日曜はダメよ』というのがあって、テーマ曲が大ヒットしたけれど、言葉としてはそんな心境だ。日曜ほど、僕を途方に暮れさせるものはない。時間をどう使えばいいのか、わからない。仕事相手も部下も休んでいるので、手紙を書いたり、資料を整理したり、人と関わらずにできる仕事を、一人寂しくやるしかない。

僕は回遊魚のように、常に相当な速さであちこち泳ぎ回っていなければ、生きていられない。ビジネスは、世の中の動きに即して行うものだ。だから日曜と同じく、世の中が止まってしまう正月やゴールデンウイーク、お盆も大嫌いだ。

日曜日、昼が近づいてくると、ようやく僕にやるべきことが生まれる。昼飯を何にするか考えるのだ。僕は基本的に、三百六十五日外食をする。夜の予定は、ビジネスディナーや友人との約束で、二ヵ月先まですべて埋まっている。しかし、日曜日の昼飯は、決めていないことが多い。

さて、何を食べよう？　あのホテルのピザパイか、それともこの前行った中華料理店の点心にしようか……などと考えているうち、僕は少し元気が出てくる。僕は常に何かに熱狂していないとダメなのだ。そうでないと切なくなる。僕がこれほど仕事に情熱を注いでいるのは、生きることの切なさを埋めるためなのかもしれない。

昼飯を食べ終えたら、新聞を読む。主要全国紙五紙と、スポーツ新聞三紙。僕は決して、食べながら新聞を読まない。食事は僕を熱狂させてくれる、貴重なものの一つだからである。

その後は運動に熱狂する。ジムに行き、走ったりウエイトトレーニングをしたりして、たっぷり汗を流す。

こうして、苦痛に満ちた僕の日曜日は終わる。

布団に入り、目を閉じると、僕はほっとする。明日は月曜日、会社に行けるのだ。

僕が日曜を嫌いだと言うと、多くの人が驚く。彼らは、たまの休日にデートや旅行やゴルフに行くことが楽しみで、日々の辛い会社勤めに耐えているという。若い人の中には、日曜の夕方、明日からまた一週間が始まるのかと思うと、憂鬱だという人もいる。

彼らは仕事に縛られ、そこからの解放を願っている。一方僕は、仕事をすることこそが苦痛からの解放なのだ。

僕のような人間が、特殊であることは認めよう。しかし、おびただしい人々がビジネスの成功を目指して、うごめいているのだ。そこから抜きん出るためには、日曜日を楽しみにしているようではダメだと思う。

結局、人と差がつくのは、努力の質と量である。人が休んでいる時に、決して休まないことが僕の言う圧倒的努力だ。

それを行わずして、成功などあり得ない。(見)

あれは二〇〇一年頃、ちょうどネットバブルが崩壊し、会社や業界に対する風当たりが強くなった時、急にスケジュールが入らなくなりました。会社が批判されているので、お客様との面会、マスコミの取材、採用のための面接……、そうした予定がすっかりなくなってしまったのです。それまでずっと、目まぐるしく働いていたので、暇になるのがすごく怖かった。心理的に耐えがたいものがありました。

でも、腹を括《くく》り、ビジネスは長期戦なのだという覚悟をしてからは、仕事をするばかりではなく、自分のペースを作らなければならないと思いました。

仕事しかなければ、必要以上に行き詰まると感じていたので、趣味を作ることにしました。しかし仕事人間だった僕には、何をしたらいいのか見当がつかなかった。そこで、お世話になっていた楽天の三木谷社長夫妻に相談しました。

その時、夫妻に勧められたのは、ワイン、乗馬、ゴルフの三つ。僕はゴルフを選びました。

広々としたコースに出て、思い切りクラブを振るのは、とても気持ちよかった。運動不足だったこともあり、体力作りにも一役買ってくれました。ほかにも、以前やっていた釣りをまた始め、ワインにも少し詳しくなり、サーフィンにチャレンジもしました。

でも僕は、趣味にはのめり込まないと、心に決めています。結局仕事以上に夢中になれるものはないし、また、ないほうがいいと思っています。二つ以上のことにのめり込むのは僕には不可能です。

経営者で、趣味に没頭している人を、しばしば見かけます。そういう人は、仕事がうまくいっていないことが多い。何かによって辛い現実を忘れなければ、とてもやっていけないのだと思います。ちょうど、酒に溺れるような感じです。

また、趣味をかねて、個人でサイドビジネスをする経営者もよくいます。僕も一時期、バーやセレクトショップを経営してみたことがありますが、すぐにやめてしまいました。経営者として本業を厳しくやっているのに、副業のほうは適当にやるというのがとても気持ち悪かったからです。かといってサイバーエージェント以外の経営に、本気で取り組む訳にはいきません。

「趣味にのめり込まないようにしている」と言うと、「それで面白いの？」と思われるかもしれません。でも、趣味にそこまでの面白さを求めていないのです。

僕は、仕事の始まる月曜日が憂鬱になったことは一度もありません。かといって、見城さんのように日曜が嫌いという訳でもない。仕事に夢中な毎日が三百六十五日、ただ淡々と続いているだけ。これが僕のマイペースです。

僕の目標はただ一つ、「二十一世紀を代表する会社を創る」こと。そこにすべてを賭けているので、仕事とプライベートの実質的な境目がないのだと思います。

仕事が何よりの趣味であり、日々の生活が自然とそうなっている。こんなに幸せなことはないと自分では思っています。藤

講演会、養成講座、人材交流会は
ビジネスマンの三悪

あることを「理解」したからといって、
「実行」できるわけではない。
人がこの二つを混同しやすいのは、
自分の浅さのせいである。

講演会、養成講座、人材交流会は、人をダメにする三悪である。僕はその名前を聞いただけで、吐き気を催す。

そんなものは、金と時間の無駄である。そこで何かを得られたと思うなら、それは自分が浅いと思ったほうがいい。出席して良かったと思うのは、単なる誤解と自己満足である。講演会や養成講座、人材交流会は、そうした誤解や自己満足で成り立っているのだから、世の中にこれほど罪深いものはない。

僕のところには、講演会の依頼が一日二、三件は来る。しかし、すべて断るようにしている。それは僕自身が、講演会など意味がないと思っているからだ。他人の話を聞いて、自分の何かが変わるわけがない。僕は講演会に来る人の気が知れない。申し訳ないから、自動的に断る。

でも、母校からの依頼や、仕事上のしがらみがある場合、どうしても断りきれず、講演をすることもある。そんなとき、僕は必ず最初にこう言う。

「僕の講演なんて聞いても、意味がないです。今日僕は、義理があって、仕方なく来ました。ここに来ているみなさんは、ここに来ているというだけで、もうダメだと思います。僕の言うことなんて、話半分に聞いてください。右の耳から左の耳へ流してくれたほうが、ありがたいです」

僕の人生は、僕だけのものだ。僕の話を聞いたからといって、同じように生きられるわけ

がない。

講演を聞いて、自分の人生を変えようと思うなど、他力本願もはなはだしい。人生とは、打ちのめされたり、圧倒的努力をして戦ったりして、障壁を乗り越えてゆくものだ。人の話から何かを得よう、ビジネスに役立てようという考え自体が、安易なのである。

人材交流会も、同じである。人と人は、必然性によって出会うのだ。交流会の名のもとに集まり、名刺を交換したところで、そこから何が生まれるというのだろう。全くの無駄である。

また巷には、無数の◯◯養成講座というものがある。出版関係で言うと、ライター養成講座や編集者養成講座などだ。そんなところに行って、ライターや編集者になど、なれるはずがない。主催者側の金儲けだと考えたほうがいい。

物を書いたり、編集したりする仕事は、生き方の集積なのだ。養成講座に通うより、自分の人生に真摯《しんし》に向き合ったほうが、よほど優れたライターや編集者になれる。小手先のテクニックなど、意味がない。これは程度の差こそあれ、すべての仕事に言えることだ。

そんなものに費やす金と時間とエネルギーがあるなら、それを好きな女に向けたほうがずっといい。

そこから学ぶことのほうが、はるかに大きい。身を切らなければ、本当の成長などあり得ない。　見

僕は、講演会は行く価値があると思います。なぜなら、自分が講演することになって初めてわかったのですが、講演する側の人間は並々ならぬ熱意をそこに注いでいるからです。

僕も年に何度か、講演をする機会があります。その時は、何とかいい話をしよう、聴衆に喜んでもらおうと一生懸命考える。準備にも時間をかけます。言わなくてもいい、リップサービスをしてしまうこともある。以前、見城さんと対談形式の講演をしたときは、壇上の隣で聴いているだけで面白かった。あれは聴かないともったいないと思うのです。

と言いながら、実は、僕も講演会の類が苦手で、聴きに行ったことがありません。養成講座も人材交流会もありません。

もしかすると、講演会には、暇な人や仕事のできない人が行くようなイメージがあるのかもしれない。成果が上がっていないのに、勉強ばかりしている。そのイメージが膨らんで、仕事のできる人を遠ざけているのかもしれません。

確かに、忙しいビジネスマンは、講演会に行く時間をなかなか取れないにちがいありません。でも僕は、脂《あぶら》が乗っている時こそ足を運ぶべきだと思います。

今仕事に乗っている人なら、気づくことや得るものは、そうでない人よりはるかに大きいはずです。抱えている仕事で悩んでいれば、そこからヒントを得て、新たなアイディアや解決策が浮かぶかもしれません。

大学生の頃、僕は経営学部でした。でも学生生活を送っていた頃、授業で習った経営の話は現実味が感じられず、テストの前だけ頭に詰め込んで、終わったら全部忘れてしまっていました。だから大学での勉強が今の仕事に活きているかと聞かれれば、残念ですがほぼゼロです。

でも、実際に会社の経営を始めてからは、経営学の本を読むと、とてもよく頭に入ります。もう一度経営学部に入り直したいと思ったことさえあります。

僕は、ビジネスマンは本を読むべきだと思います。読書も、その時々の成長段階や、抱えている仕事によって、得るものが違ってきます。

ビジネス書の中でも何冊かの良書を、僕は定期的に繰り返し読むことにしています。何年か経って読むと、同じ本でも吸収できるものが全く違ってくるからです。また、久し振りに読んでみると、過去に読んだ内容が、知らず知らずのうち、仕事に役立っていたことに気づかされることもあります。

講演は本とは違うけれど、同じように仕事に大きな影響を与えてくれるきっかけになるかもしれません。

仕事に乗っている忙しいビジネスマンこそ、時間を割《さ》いて行ってみてはいかがでしょうか。

藤

犬も歩けば企画に当たる

偶然の力ほどすごいものはない。
それは必ず、個人の限界を越えて働く。
ならばその力を、活用しない手はない。

大学を卒業後、僕が就職したのは、廣済堂《こうさいどう》出版という当時はまだ小さな出版社だった。新入社員で、右も左もわからない頃、僕は早く本を作りたくてたまらなかった。うずうずしながら、毎日先輩に原稿の赤入れや校正、レイアウト、トリミングといった、編集のイロハを教わっていた。

ある休日、僕は当時のガールフレンドと新宿御苑の正門沿いの通りを散歩していた。そこには、多くの雑居ビルが建ち並んでいる。一つのビルに掲げられたある看板に、ふと僕の目はとまった。

『公文式算数研究会』

白鳥ビルという建物の五階に、それはあった。その時は「くもん」と読めず、「こうぶん」と思っていた。初めて聞く名前だったが、何だか気になった。「算数の研究って、何だろう?」と、不思議に思ったのだ。

一週間後、朝日新聞に、「公文式算数研究会　指導者募集」と、名刺大の小さな広告が載っていた。そこで初めて、公文式というのが、独自の算数の教え方だということがわかった。自ら編み出したノウハウを持つ、フランチャイズ制の塾のようなものなのだろう。あのビルに入っている事務所が、公文式の本部だったのだ。僕は居ても立ってもいられなくなり、さっそくアポを取ると、そこに向かった。

こうして僕が初めて企画・編集した本、『公文式算数の秘密』が生まれたのだ。三十八万部

のベストセラーとなり、僕の編集者人生の起点となった。

一方、それによって公文式は、入会の電話が鳴りやまなくなった。雑居ビルのワンフロアにあった本部もどんどん大きなビルに変わり、十数年後には市ケ谷の駅前に自社ビルを建てるまでに成長した。

振り返ってみると、僕は街をブラブラと歩いていることが、企画に結びついたことが何度もある。尾崎豊の曲を初めて聴いたのも、新宿・靖国通り沿いのたまたま前を通りかかったレコード店だったし、坂本龍一と偶然出会ったのも、その時はまだ二、三度しか入ったことのない神宮前のバーだった。ユーミンを最初に聴いたのは、街を流していたタクシーの中のラジオである。

僕は今でも、休日はよく街を散歩する。街には、いつも新しい発見や刺激が満ちている。

一番面白いのは、やはり看板だ。化粧品、新しくリリースされたCD、風俗店……、それらに携《たずさ》わる人たちが、すべて何かを売ろうとして、懸命になっている。そこには、如実に「今」が表れる。街角の気になった店に入るのも楽しみの一つだ。

時には山手線に乗って、一周したりもする。僕にとって面白いのは、雑誌の広告などが出ている中吊りではない。扉に貼ってあるステッカー式の広告や、その脇にあるフレームに入った広告だ。また、乗客の一人一人を観察し、会話に耳を傾ける。

そこから受けた刺激が、僕の中の何かを誘発し、企画が生まれることがよくある。

歩いていると、何かに当たる。その下を掘り返すと、宝が埋まっていることがある。(見)

現実生活（リアル）が充実している人のことを、ネットの世界では、よくやっかみ半分に「リア充《じゅう》」と呼びます。逆に四六時中パソコンでネットばかりやっている人のことを「ネット充《じゅう》」と言います。

僕はネットサービスを担当しているプロデューサーに対して、「リア充」と「ネット充」を両立するように促したことがあります。

「ネット充」としてネットを見て回っていれば、当然、自分たちの仕事にプラスになるヒントがたくさん得られます。ユーザーの面白い現象や習性を発見したり、レイアウトや表現方法が参考になったり、あるいは自分が不便さを感じたものは、そのまま新規事業の種になったりもします。

一方で、「リア充」としてネットを離れてリアルの世界を見れば、ネットにまだ誰も持ち込んでいない、新しい企画のヒントが満ちあふれています。

例えば、日本で独自のヒットを遂げた「ニコニコ動画」は、テレビを見ながら各人がぶつぶつと独り言を言う茶の間の特性に目をつけて、それをネットに持ち込んだものです。みんながぶつぶつ言っている様子が見事にUI（ユーザーインターフェース）で表現できています。

当社の主力事業の一つ、アメーバピグは仮想空間です。現実世界でいつも実際に起きていることをヒントに、サービスの内容を決めています。例えば、今企画している秋葉原エリアにはメイド喫茶を開設する予定ですが、僕はプロデューサーと一緒に視察に行きました。

店内では客がかわるがわるダーツをやっていいます。そして常連は必ずと言っていいほど、マイダーツを持ち込んでいた。僕はこれを再現しなくてはいけないと思いました。同時に、客が何に関心を持って来ているのかを注意深く観察しました。それをアメーバピグに活かすためです。

ほかにも、ネットを離れたところで観た映画や演劇、読んだ本、そこで知ったストーリーや演出など、さまざまなところにネットにはまだない、新たな発見が転がっています。

だからネットサービスを企画するプロデューサーに、ネットばかりではなく、リアルの世界を見るように勧めているのです。

いい企画を思いつくにはコツがあります。何かネタはないかと探していてもダメ。好奇心が間違った形で発揮されてしまいます。何でも仕事目線で見てしまうのです。そういう時は物事を都合のいいように、歪曲《わいきょく》してとらえてしまいがちです。

意識しすぎず、普通に楽しんで、好奇心を抱いたものをいかに鋭くとらえられるかが肝心です。いい企画のヒントは、現実の中にさりげない姿で潜んでいるものだと思います。藤

第五章
成長を止めない

ギャンブルには手を出せ

ギャンブルで勝つためには、
自己抑制が必要だ。
それはビジネスや人生にも当てはまる。
誘惑に負けず、どう自分を律するかは、
身をもって覚えるしかない。

ギャンブルには手を出すなという人がいる。確かに、ギャンブルには魔力がある。のめり込みすぎて、身を滅ぼす人もいるだろう。でも僕は、ギャンブルはやるべきだと思う。身銭《みぜに》を切り、賭けることでしか、学べないことがあるからだ。

運、ツキ、流れ、こういったものは、理論ではわからない。経験するしかないのである。仲間内で麻雀をしたり、海外のカジノで遊んだりしていると、僕はいつも目に見えない不思議な力を感じる。この世には人智《じんち》を越えたものがあり、それには何人《なんぴと》たりとも逆らうことができない。そのことを知るのは、ビジネスをするうえで、とても大事なことだ。

ギャンブルをしたことがない人には、特に麻雀をお勧めする。

麻雀は四人で行うゲームである。パチンコや競馬と違い、複数の人間が絡むので、ビジネスのモデルになる。そこでは神がいるとしか思えない、絶妙な運の配分を感じることができる。そして、運を引き寄せるも遠ざけるも、その人次第であることがわかる。ある意味で、人間力が試されるのだ。

学生時代のある期間、藤田君は相当に麻雀に打ち込んでいたという。年齢にそぐわない彼の平常心や落ち着いた立ち居振る舞いは、麻雀によって培《つちか》われたものだと思う。

彼がギャンブルに強いのは、己《おのれ》を知っているからだ。負けているときは、負のサイクルに入っていることが自覚できている。自分を正しく認識でき、冷静でいられれば、負けている

時も、この後、どこで勝ちにいくかという計算ができるのだ。

毎局勝ちたいと思って打つ人は弱い。勝ちにこだわるあまり、負けると熱くなって自分を見失い、より大きく負けてしまう。麻雀が強い人というのは、負けている時、運に逆らってもしょうがないから、今回は負けておこうと思える人である。その自覚があれば、絶対に大負けはしない。それは運やツキという目に見えないものを、読むことである。

ビジネスにも、ギャンブルのような一面があることは確かだ。

新しいプロジェクトにどのくらいお金をかけるか、誰に何をやらせるか。圧倒的努力をして準備しても、上手くいくかどうかには、運やツキも関わってくる。最後は、賭けなのである。しかし、実際のビジネスでは、負けたらギャンブルのように小遣い銭を失うだけでは済まない。だからこそ運やツキ、流れの読み方を、ギャンブルで会得《えとく》すべきだ。

結局、ギャンブルの面白さは、自分の欲望を大局的な流れの中で、どうマネジメントするかという戦いにあると思う。

僕も学生時代からずっと、麻雀をやっている。競馬も二十代の頃、ハマっていた。しかし、僕はあまり強いほうではない。勝ってくると、欲が抑えられず、どんどん勝ちにいってしまう。逆に負けているときは、やけになって捨て身の勝負をかけ、結局大負けしてしまうことが多い。

僕の場合、仕事ではそれを反面教師にしている。見

結論から言うと、僕もギャンブルをやることには賛成です。でも、自分の子供にギャンブルを勧めるかと聞かれたら、正直言って躊躇《ためら》います。僕自身、学生時代の貴重な時間をあまりに多く麻雀に費やしてしまったからです。当時は毎日雀荘に入《い》り浸《びた》り、朝から晩まで牌を並べては切っていました。紫煙《しえん》がもうもうと立ち込める薄暗い雀荘が、その頃の僕の青春の場でした。そこで得たものは、確かにあります。でも、麻雀以外からは学べないのかと言えば、僕にはわからない。

ただ、間違いなく言えるのは、人生のギャンブル的な要素は、誰も避けられないということ。パチンコも競馬も、一度もしたことがないという人もいるでしょう。しかし、よく考えれば、就職や結婚さえも、ある種のギャンブル的要素を含んでいます。経営の仕事にも勝負勘が必要です。真面目に仕事するだけの社長が、うまく経営できるわけではありません。苦手だからと、避けて通れることではないのです。

僕は年に一、二回、海外のカジノに行きます。きらびやかな照明のもと、ドレスアップした紳士淑女がゲームに興じるさまは、まるで映画のワンシーンのよう。でも、僕にとってそこは、娯楽の場ではありません。むしろ、精神修行に近いです。

カジノもホテルに手数料を取られるので、期待値で考えれば、普通にやっていれば負ける確率のほうが高くなります。

しかし、客には二つの大きな権利が与えられていて、それを駆使することしか勝てる方法はありません。一つはいつでも席を立ってやめていい権利。もう一つは賭け金を増やしたり減らしたりする権利です。つまり、負け込んできて流れが悪いと感じたら、席を立ってやめればいいし、〝ツキ〟が来ていると感じたら、たくさん賭ければいいのです。

ところがこんな単純なことが、ギャンブルを娯楽として楽しんでいると、できないのです。むしろ正反対の行動を取ってしまいます。負けてくると熱くなって取り返そうと席を離れず、勝ってくると保身に入り、もっと増やせばいい賭け金を減らしたくなる。勝負に勝つためには、欲望に打ち勝たなければなりません。欲とは、自分の弱い心のことです。人は、自分の弱い心に負けてしまうのです。

ギャンブルをしている時、大抵の時間は何も起こりません。〝ツキ〟が回ってくるのは、全体の十分の一ほど。その時に、勝負をかけなければならない。残りの九の時間は、歯を食い縛り、じっと耐えていなければなりません。

僕が精神修行に近いと言ったのは、そういう意味です。

これはビジネスととてもよく似ています。流れの悪い時に一発逆転を狙って新しいことをすると深みにはまるし、いい時にサボったら先々の敗北は明白です。

僕はカジノに行くと、ヘトヘトに疲れます。集中するあまり、気力を使い果たしてしまうからです。それはまるで仕事で疲れた時のようです。

ギャンブルを遊びだの娯楽だのというのは、運営する側に都合のいいまやかしだと思います。それを遊びだと思っている人は、その時点でもう負けているのです。㊖

人は一つの人生しか生きられない

郵便はがき

料金受取人払郵便

小石川支店承認

1235

差出有効期間
平成25年 8月
2日 まで

112-8731

東京都文京区音羽二丁目
十二番二十一号

講談社 生活文化局

「単行本係」行

愛読者カード

今後の出版企画の参考にいたしたく存じます。ご記入のうえご投函くださいますようお願いいたします(平成25年 8月 2日までは切手不要です)。

ご住所 〒□□□-□□□□

お名前
(ふりがな)

生年月日(西暦)

電話番号

性別 1 男性 2 女性

メールアドレス

今後、講談社から各種ご案内やアンケートのお願いをお送りしてもよろしいでしょうか。ご承諾いただける方は、下の□の中に○をご記入ください。

□ 講談社からの案内を受け取ることを承諾します

本のタイトルを
お書きください

a　本書をどこでお知りになりましたか。

1 新聞広告（朝、読、毎、日経、産経、他）　2 書店で実物を見て
3 雑誌(雑誌名　　　　　　　　　　)　4 人にすすめられて
5 DM　6 その他(　　　　　　　　　　)

b　ほぼ毎号読んでいる雑誌をお教えください。いくつでも。

c　ほぼ毎日読んでいる新聞をお教えください。いくつでも。

1 朝日　2 読売　3 毎日　4 日経　5 産経
6 その他(新聞名　　　　　　　　　　)

d　値段について。

1 適当だ　2 高い　3 安い　4 希望定価(　　　　　円くらい)

e　最近お読みになった本をお教えください。

f　この本についてお気づきの点、ご感想などをお教えください。

欲望は一度膨らみ始めると、
止《とど》まるところを知らない。
一方、人は誰でも体を一つしか持たず、寿命もある。
無限のものが有限の器《うつわ》に入るはずがない。

人生に、〝ｉｆ〟はない。もし、僕が編集者になっていなかったら。もし、初恋のあの人と結婚していたら。もし、美男子に生まれていたら。……想像はいくらでもできるが、どれも絶対にない。僕は、今のこの僕でしかないのだ。

しかし、人は成功すると、いくつもの人生を歩めるような錯覚に陥ってしまう。事業に成功し金を持つと、妄想すら実現できる気になってしまうのだ。

以前、「金で買えないものはない」という発言で、世間を騒がせた若き経営者がいた。ＩＴ企業の社長だった彼は、それだけに飽き足らず、球団や放送局を買収しようとしたり、政治家になろうとしたりした。時代の勢いに乗った彼は、自覚のないまま、たくさんの人生を生きようとしたのである。「俺には何でもできる」と、錯覚してしまったのだ。結果は、誰もがよく知る通りである。僕は彼と会社をつくっていたり、人間的にも大好きだったので、ある時からの無軌道な彼の挑戦には、大きな危惧《きぐ》を覚えていた。

人は成功し始めると、自我を肥大させ、自分がスーパーマンであるような気になってしまうものだ。この道で成功したのだから、俺はほかでも成功できるはずだ。俺は前からあの事業をやりたかった。よし、やろう。あれだけではなく、これもやろう……それは子供が際限なくおもちゃを買ってほしがるような、幼児的な欲望にすぎない。

また男なら、事業で成功したら、愛人の一人もできて当然だろう。その人が魅力的でなければ、仕事がうまくいくわけがないからだ。だが、愛人を作り、別宅を持つことは、もう一

つの人生を生きることだ。それくらいはその人の器量である。でも大事なのは、それが異常なことだという自覚を持てるかどうかである。必ずどこかに軋轢《あつれき》やしわ寄せが生じるはずだと思っていれば、払う代償は最小限で済む。

二〇〇〇年代半ば以降、わが社が創刊した雑誌『ゲーテ』と『ジンジャー』は、正直に告白すれば、僕の願望を具現化したものだ。僕はどうしても、スタイリッシュで質の高い男性誌と女性誌を作りたかったのだ。これは文芸編集者として生きてきた僕にとって、別の人生を生きることにほかならない。

しかし僕は、この二誌を作ったことに対して、相当の血を流す覚悟は持っている。

要は自覚しているか、いないかの問題なのだ。勢いに乗って浮き足立ち、無自覚のまま突っ走ると、必ずその先には奈落が待っている。

どれだけ成功しても、また金があっても、人は一つの人生しか生きられない。そのことを肝《きも》に銘《めい》じなければ、思わぬところで足をすくわれることになる。「あれも、これも」は、覚悟がなければできないことなのだ。

誰もスーパーマンになど、なれない。それどころか、もう一人の自分にさえなれない。もしなれたと思ったら、それは夢うつつで見た、まぼろしにすぎない。つまり、一瞬で終わるのだ。

そう思っていなければ、必ず道を間違える。（見）

初対面の時、名刺を二、三枚差し出す人がいます。「本業のほかにも、こういうことをやってるんですよ」と言っている姿は得意げに見えたりします。

でも、一つ一つの仕事は大したことがない場合が多い。たくさん名刺を持っているビジネスマンで有能な人はあまり見たことがない気がします。これには意外と多くの人に共感していただけるのではないでしょうか？

僕も会社が大きくなってからは、子会社の社長や役員を兼務したりしています。子会社でも、そこの肩書を記した名刺を作ってくれますが、僕はそれを使ったことがありません。いつも必ず、「サイバーエージェント代表取締役社長　藤田晋」の名刺を使います。

名刺とは、その人の仕事上の人格を表すもの。「二重人格」「三重人格」では、信用されません。一つのことに集中せずに、何かを成し遂げられるほど、ビジネスの世界は甘くはないのです。

中には、何かのきっかけになればという真面目な気持ちから、複数の名刺を出す人もいると思います。でも、初対面の人の肩書をいくつも覚えることは難しく、本業が何であったかも忘れられかねません。

見城さんの言う通り、人は多少成功すると、ほかのこともできるような気になってしまう。私生活でも、今までできなかったことをしたくなるものです。

でも、それは成功という道に仕掛けられた、とても怖い罠《わな》なのです。

成功しているということは、高速道路を時速百キロの猛スピードで走っている車を運転しているようなものです。気を緩《ゆる》めたら、取り返しのつかない大惨事になってしまう。車の事故を起こすのも、本来は手に負えない巨大な鉄の塊を操っていることを、すっかり忘れてしまっているからではないでしょうか。

平和な日々が続き、それに慣れるうち、実際はどれほど危険な状態にいるのかを忘れてしまう。油断から、軽々しくほかのビジネスに手を出したりしてしまうのです。

相当警戒していても、人は成功すると謙虚さを失い、慢心してしまいます。

起業家として成功した人が、政治や文化など専門外の分野の意見を求められて口を出したりしても、ろくなことはありません。でも周囲の期待も合わさって、自分はその能力もあるのではないかとなぜか錯覚してしまうのです。ふと気がつくと、起業家だった人が、いつの間にか議員に立候補していたというケースも珍しくありません。

「専門外である」という自覚がないまま、本業以外の事に手を出せば、そこから綻《ほころ》びが生じ、やがて大きな失敗につながります。

僕は自分を客観視しようという気持ちが、人一倍強いと思います。それは常に時速百キロの猛スピードで走っているような状態を意識し、自らを戒めているためです。

成功したのちは、人からは臆病に見えるほど慎重でいて、ちょうどいいのではないでしょうか。㊟藤

人は自分が期待するほど、
自分を見てはくれないが、
がっかりするほど見ていなくはない

人は自分が期待するほど、自分を見ていてはくれないが、がっかりするほど見ていなくはない

人は自分が評価されていないと思うと、
すぐに肩を落とす。
しかし、それは過剰反応だ。
努力を見ている人は必ずいる。
その事実は、努力が実った時にしかわからない。

「人は自分が期待するほど、自分を見ていてはくれないが、がっかりするほど見ていなくはない」——いつもそう思っているべきだ。

たとえば十ぐらいの努力をして、評価を得られなかったとしよう。その時、「誰も自分を見ていない」と思うのは早計だ。「この程度では、ダメだ。もっともっとやらなければ」と考えるべきだ。しかし、だからといって、千も努力する必要はない。百ぐらいのところで、必ず評価され始めるものだ。

ホテルマン、スポーツクラブのインストラクター、レストランのサービス係、タクシーの運転手、駅員、デパートの店員、宅配のお兄さん……きちんと心を込め、一生懸命努力していれば、人はいつか必ず気づいてくれる。僕自身、若い頃、角川書店の一編集者として、仕事に打ち込んでいると、自然と他社から誘いの声がかかるようになった。

途中、どれほどやっても評価されない、誰も自分を見てくれないと思うかもしれない。でも、そんな時は、まだまだ努力が足りないと思えばいい。

努力を重ねていれば、いつか大きな仕事やビッグチャンスが回ってくるかもしれない。

僕のよく行くホテルに、いつも心を込め、何くれと世話をしてくれる若いフロントマンがいる。僕は彼のことを、ある時から素晴らしいと気づいている。もしかしたら将来僕は、夢だったホテル業を始めるかもしれない。その時は、彼を責任者として招こうかと本気で考えている。

実際、何百人もの客の名前と乗っている車を覚えていたすごいドアマンだった人が、ホテルの総支配人まで上り詰めた例を、僕は知っている。

人の心は、弱いものだ。努力を重ねても報われないと、くじけそうになる。しかし、そこでやめると、すべては終わってしまう。それにどこまで耐えられるかが、ビジネスマンの気骨である。大きく飛躍した人は、例外なくあきらめず、努力を続けてきたはずだ。

自己評価というのは、殊のほか難しい。人は自分の努力を、誰かにわかってほしいと思う。自分に対して甘く、すぐに過剰な期待を抱く。期待が外れると、今度はもうやめてしまおうかと考える。

「人は自分が期待するほど、自分を見ていてはくれないが、がっかりするほど見ていなくはない」という考え方は、ぶれやすい心に安定をもたらす。それは過不足のない、とても現実的な考え方だ。

僕も努力が報われないと、落胆するほうだ。若い頃は、特にそうだった。そういう時は、いつもこれを自分に言い聞かせてきた。

この考え方をよくわかってさえいれば、今はうまくいかない仕事も、そのうち必ずうまく流れ始める。見

これは仕事をするうえで、心のバランスを取るのにすごくいい言葉だと思います。

特に若い頃はそうですが、自分の仕事が注目されないと不安になる。まわりから活躍していると思われ、評価されている感覚がないと嫌なのです。一度高く評価されたことのある人だと、よりその傾向は強い。

人は表向きより、ずっと強い自意識を持っています。これはネットの仕事をしていると、はっきり感じることです。ブログでもツイッターでも、ネットというものは人間の本性を露《あら》わにします。そこで一番はっきり表れるのは、自意識なのです。

自分のブログに何人のアクセスがあったか、自分のつぶやきにどんなレスポンスが返ってくるか、レスポンスしたのはどういう人か……。ネットの世界では、誰もが「自分」を優先させます。「何かを見たい」ではなく、「誰が自分を見ているか」が、最大の関心事です。これはネットを分析していると気づく、人間の根深い欲求です。

でも、仕事をはじめ、社会生活を営むうえで、そういう欲求を強く出すのは困りものです。

わが社では折に触れ、いろんな人を表彰しますが、全員に賞を与えるのは無理です。順番もあるので、同じ人ばかりにあげるという訳にはいかない。

たまにものすごく努力をしたのに、表彰されなかったと、ふて腐れる人がいます。そんなふうに気落ちし、モチベーションを失《な》くすのは、とてももったいない。決して、見ていない訳ではないのです。

評議の時、名前は挙がっていることも多いはずです。表立って褒められなくても、それはすでに評価されているということです。

「人は自分が期待するほど、自分を見ていてはくれないが、がっかりするほど見ていなくはない」。この言葉を別の言い方で表すと、「いい働きをしていても、いつも評価される訳ではない」ということになります。

脚光を浴びている人を見ると、人はよくこう思います。

「俺のほうがよくやっているのに」「俺と大して違わないのに」——。

しかし、どんなに実力のある人でも、いい仕事をするたび、そういつも高く評価されるわけではない。ずっといい仕事を続けている中で、たまたま褒められる機会が巡ってくるにすぎません。

脚光を浴びている人は、確かにその時はとても目立ちます。しかし、ずっと浴び続けているわけではなく、長い目で見ると、ほんの短い間です。

例えばＴＢＳ系列の人気番組「情熱大陸」に登場する人物は、その時とても華やかに見えます。しかし実際には、誰からも評価されない、陰で努力し続けた日々がしっかりとあるのです。

人からの評価にあまり気を揉《も》むべきではありません。それは巡り合わせぐらいに思っていて、ちょうどいいのだと思います。藤

たった一人で熱狂せよ

本来熱狂は、集団を襲うものだ。
熱狂が過ぎ去り、あたりに人がいなくなっても、
自分の中に火種《ひだね》を見出せたら、
それこそは本物の情熱である。

「すべての新しいもの、美しいもの、素晴らしいものは、たった一人の孤独な熱狂から始まる」

これは日本初の独立系テレビ制作会社、テレビマンユニオンを創立した、萩元晴彦さんの言葉である。僕はこの言葉に、強い共感をおぼえる。大きな仕事やいい仕事には始めに熱狂が、それも人知れない孤独な熱狂が必ずあるものだ。

ダイヤモンドダイニングの社長、松村《まつむら》厚久《あつひさ》君は、銀座のユニーク極まる『ヴァンパイアカフェ』を筆頭に、自ら目標として掲げた「百業態百店舗」を達成した。

第一号店の『ヴァンパイアカフェ』は、彼が新婚旅行で行った、オークランドのお化け屋敷がアイディアのもとになっている。

そこで松村君は、とても怖い思いをすると同時に、徹底した非日常的なエンタテインメント性に心から感動したという。彼は、こんなところで飲み食いしたら、きっと素晴らしいと考えた。まわりは、みんな反対した。それはそうだろう。飲食は、楽しい行為である。もとより、恐怖とは相いれない。しかし、彼は『ヴァンパイアカフェ』をオープンし、大ヒットさせた。それが「百業態百店舗」の第一歩になった。

「百業態百店舗」、つまり、店舗ごとに全く異なるものにすること、これはとてつもなく辛いことだ。普通に考えれば、居酒屋なら居酒屋でチェーン店にし、同じ店をいくつも出した方が効率もよく、楽である。内装、インテリア、食器、食材の仕入れなど、全部一緒でいい

のだから。

松村君は言う。

「同じ店をたくさん出すのは簡単です。でも、それでは楽しくない。僕は新しい店を、毎回ゼロから作ることに、夢中になっていたんです」

エイベックスの松浦勝人、ＧＭＯインターネットの熊谷正寿《くまがいまさとし》、グリーの田中良和《たなかよしかず》、ネクシィーズの近藤太香巳《こんどうたかみ》、そしてもちろん藤田晋も、学生時代や起業する前は何者でもなかったはずだ。彼らはおのおの音楽、インターネット、ゲーム、飛び込み営業に、たった一人で熱中していただけだ。彼らの並はずれた熱狂が、やがて人の心を打ち、他人を巻き込み、自分の立ち上げた会社をそれぞれの分野のトップに押し上げたのだ。僕もそうだ。僕はただずっと、小説やノンフィクションを読みふけっていただけである。

熱狂できることを仕事に選ぶべきだ。車、ファッション、ラーメン、犬……どんなことでもいい。自分が熱狂できるものを探すのだ。

大企業だからとか、安定しているからという理由で勤め先を決めるなど、馬鹿げている。見栄や安定で、熱狂できない仕事を選ぶことは、ひどく退屈で辛いことだ。

熱狂は退屈も苦痛も、はねのけてくれる。

そして必ず、他の追随《ついずい》を許さない大きな実りをもたらしてくれる。

見

リーダーにとって、社内から出てくるさまざまなアイディアのうち、どれを採用するか決めるのは非常に重要な仕事です。

リーダーが間違ったアイディアを採用したり、ガセネタをつかんだりしたら、時間と金の無駄になるだけでなく、数多くのチームメンバーは莫大な労力をふいにしてしまいます。

逆に素晴らしいアイディアを採用すれば、皆のがんばり次第でのちのち大きな金脈になる可能性があります。それを見極める力を磨くことは、リーダーとしての成長に欠かせないと思います。

僕は十数年経営者を務めてきて、「少数派」の意見がいかに大事かを痛感しています。

誰もが賛同するアイディアは、意外なほど使いものにならないことが多い。皆がいいと感じるものは二番煎《せん》じやほかの成功例の真似になりやすく、そういったものは実現しても、結局ネット上に無数にある競合と差別化できません。

一方で「少数派」のアイディアを見極めるのも非常に困難です。そのほとんどは単に人から聞いてきた話であったり、何かの本で読んできたものだったり、中身が薄っぺらく、少し突っ込んで聞くと粗《あら》が見つかります。

しかし、その人が心の底からそのアイディアに熱狂しているとしたら、とんでもない価値を生み出す可能性があります。だからリーダーは、それを見極める努力を、根気強く続けるしかありません。

僕はプレゼンの際、何とか相手を説得しようとしている人には疑ってかかります。プレゼンで勝ちたいとか、自分を認めさせたいという目先の評価を求めている可能性があるからです。一方、本気で熱狂している人は、自分のアイディアに夢中なので、人がどう思おうと気にしていないことさえあります。

アイディアは実現してこそ意味があります。これから先の辛く長い実現までのプロセスを考えると、目先の評価がほしい人のアイディアを採用する訳にはいきません。本物の熱狂は、その先の困難を乗り越える覚悟を内に含んでいると思います。

その執着心こそが、最後の決め手になるのではないでしょうか。

一見、妙なアイディアでも、その人の言葉に魂がこもり、その分野を深く理解し、心の底から素晴らしいと思っていることが伝われば、僕はゴーサインを出します。最後はその人に賭けられるかどうかということなのです。実際、一点の曇りもなく、自分のアイディアを素晴らしいと言い続け、やがてまわりを巻き込んで、それが世のブームになった例は、ネット業界には数多くあります。

かつて「サイバークリック」というクリック保証型の広告サービスに熱狂し、その分野では世界でも珍しいほどの成長を遂げ、二〇〇〇年に上場まで果たしてしまった当社も、その一つかもしれません。藤

「負ける」と「負けている」は
全く別物である

誰の目にも、勝敗が明らかな時がある。
しかし、本当はまだ、勝負は決まっていない。
結果が出た瞬間だけが「負けた」ということなのだ。
九割九分負けていても、それはまだ途中経過なのだ。
そこから「勝ち」に逆転できることもある。

二十代後半、僕は窮地に立たされていた。離婚や仕事上の問題、人間関係のストレスなどで、僕の精神は限界に達していた。女からも会社からも、逃げ出したかった。

僕を救ってくれたのは、作家の阿佐田哲也さんの言葉だ。阿佐田さんは麻雀の神様と呼ばれ、『麻雀放浪記』などで、七〇年代の麻雀ブームを牽引《けんいん》した伝説のギャンブラーである。本名の色川武大名義で、直木賞も受賞している。

ある晩僕は、原稿を取りに行った際、阿佐田さんに人生相談を持ちかけた。

「僕はもう駄目です。人生は終わりました。どうしたらいいのか、全くわかりません」

僕の悲愴な面持ちとはうらはらに、阿佐田さんは顔色一つ変えなかった。

「見城君、君は十万円を持って競馬に行くと、九万九千九百円を失ったら『負けた』と思う人なんだよ。でも、百円あったら、まだ勝負はできる。君は若くて、才能があるけれど、結論を早く出しすぎる。それが君の欠点だよ。百円が残っている限り、それはプロセスであり、勝ちでも負けでもない」

その言葉に、僕は胸を突かれた。目から鱗《うろこ》が落ちたような感覚の後、急に気持ちが軽くなった。

仕事でも人生でも、敗色濃厚な時がある。しかし、それは負けの決定ではなくプロセスである。むしろ、敗北とは何の関係もないと、考えるべきだ。

そこから僕は必死の思いで巻き返し、仕事や私生活の問題を一つ、また一つと、片づける

ことができた。

　大手ネット企業、ＧＭＯインターネットの熊谷正寿君は、最後の百円から盛り返した男だ。二〇〇五年に東証一部に上場したＧＭＯは、多くのグループ会社を持つ、ベンチャー業界の雄だった。しかし、二〇〇七年、金融事業へ進出したのを機に自己資本率が低下し、債務超過に陥る寸前になった。倒産の危機である。そこへ外資系のハゲタカに買収攻撃をかけられたりもした。会社にお金を入れなければならない。

　熊谷君は自己資金として、何とか百三十億円を掻き集めた。しかし、頼みの綱にしていた自身が持つビルを売却して得られるお金、四十六億円が得られなかった。交渉が成立しなかったのだ。そこで熊谷君は、ウルトラＣに出る。そのビルを現物出資したのだ。現物出資はもっと小さな会社が行うものだ。上場企業がそれによって増資するなど、前例のないことだった。

　こうして熊谷君は危機を乗り越え、その後ＧＭＯは再び躍進を遂げている。

　危機のさなかにあった時、熊谷君は手帳にこう書いたという。

「弱気にならない、あきらめない」

　いくら不利な状況でも、敗北など訪れない。百円が尽きた瞬間、それは決定する。熊谷君は、そのことをよくわかっていたのだ。

　結局、長い目で見ると、すべてはプロセスなのだ。本当の結果は、百円が尽きた瞬間にしか訪れない。そう思って努力すれば、事態はそのうち、好転し始める。見

その時僕は、ピンチに陥った熊谷さんを間近で見ていました。貸金業法の改正により、買収した消費者金融が過去に貸し付けた分の過払い金を支払わなければならなくなったのです。それは百億円を超える、莫大な額でした。大げさかもしれませんが、普通の人なら、自殺を考えたとしてもおかしくない状況だったと思います。

でも熊谷さんは、口では「大変だ、大変だ」と言いながら、悲愴感を漂わせていませんでした。あきらめてもいなかったし、自棄《やけ》になってもいなかった。

何しろ買収した途端、急に法律が変わったのですから、それは不運としか言いようがありません。でも、窮地に追い込まれたのには、何かしらの原因があります。熊谷さんは現実を受け止めながら、「同業者に後れをとるまいと浮き足だっていた」と分析していました。その時の熊谷さんの冷静な対処を見ていて、経営者は平常心が大事なのだと、強く感じました。

過度に悲観すれば、短期的な視点でしか物事を考えられなくなります。「負けている」と思って動揺すると、何とかして負けを取り返そうとする。その焦りが、さらに状況を悪くするのです。

株取引や不動産の売買などを例に考えるとわかりやすいと思います。自分の株や土地が暴落すると、余裕のない人ほど慌《あわ》て、もっと下がるのではと不安になります。そして焦って、早く売ってしまおうとする。当然ですが株や不動産は、高い時に売り、安い時に買うべきです。安い時に売ってはいけないという当たり前の判断が、できなくなってしまうのです。

これは転職についても同じことが言えます。会社の業績が悪化した時や業界が厳しくなった時、慌てて転職する人がいます。これも不動産を安売りしているのと同じで、状況が悪い時にキャリアは高く売れません。自分を安売りし、数年後に業績が回復した元の会社を恨めしく思っても、それは手遅れです。

平常心を保つとは、ピンチが訪れた時、長い目で物事をとらえること。その時の状況に惑わされて行動すれば、損をするのは自分です。

株の例で言うと、十年間の株価チャートで上がり下がりを見た時、どこで売ればいいかは一目瞭然です。チャートを眺めて、どうしてあの時売ったのだと後悔する人は、下がった時に冷静さを欠いていたのかもしれません。株で稼げる人は、信じた会社に投資したら多少のことには動じず、長期的な視点で構えられる人ではないでしょうか。

あの時熊谷さんも、長い目で会社のことを考えていたのだと思います。買収した会社の過払い金を返還することと、コアのネット事業は全く別物なのですから。

「負け」を確定させてしまうのは、自らの心の弱さです。ピンチでも慌てずじっと耐えることが、胆力であり、器の大きさなのだと思います。㊭

僕は秩序の敵であるとおなじに
君たちの敵だ

「その人」のために戦っているのに、
「その人」に冷笑されている時がある。
「その人」の人の良さ、「その人」の我慢強さ――。
割に合わない人生を受け止め続けている
「その人」からも理解されないのは辛いことだ。
しかし、それこそが戦いの本質なのだ。

五年後には、わが社の出版での利益はゼロになると考えている。先の見えない出版不況の中で、既得権益に守られている大手出版社ですら、毎期赤字が続いているのだ。幻冬舎は近い将来、必ず出版だけではやっていけなくなる。

そうした厳しい将来を見据えた話し合いを、先日、取締役会で行った。「五年後には、出版の利益は見込めなくなる。そう仮定して経営を考えなければダメだ」僕は新しい事業に乗り出すことを提案した。まだ詳しくは言えないが、それは僕が長年温めてきた考えであった。

いつも最悪を想定し、最高の結果をたたき出すのが、僕の経営哲学だ。わが社の業績は今期悪くないし、来期もそうかもしれない。でも、それが何年も続くと安易に考えるようでは、経営者として失格だと思う。出版の利益がゼロになるというのは、最悪の仮定である。そう考えたうえで出版をコアにしながら、ほかの分野に進出することを僕は決意したのだ。

僕の提案を聞いた役員たちに困惑の表情が広がった。重苦しい沈黙が会議室を支配する。口を開いたのは、最近取締役に抜擢《ばってき》した一人だった。彼はいろいろな経営指標を持ち出して、「反対はしないが、出版社のやる仕事ではないと思う」と態度を留保したのだ。

僕は悲しかった。賛同を得られなかったことがではない。僕は次に続く人たちのことを考え、悩みに悩んで決断したのだ。それはつまり、僕の後を継ぐ候補者の一人である、彼のためを思っているということでもある。彼の言い方はその僕の気持ちが、彼には全く伝わって

いないと思ったのだ。

その時、僕の頭の中に、ある詩の一節がワーンと鳴り響いた。

「ぼくは秩序の敵であるとおなじにきみたちの敵だ」

吉本隆明の詩集『転位のための十篇』の中の、「その秋のために」にある一節である。

昭和二十年代、吉本は革命闘士であった。国家と戦う人間は孤独だ。権力と対峙《たいじ》するだけでなく、自分が寄り添おうとしている側からも非難されることを覚悟しなければならない。

新しい事業に乗り出すことは、出版界の秩序を壊すことだ。しかし、秩序を壊さなければ、挑戦などあり得ない。あえて危険を冒すしかない。そのような僕の心情を理解しない部下は、秩序と同様、僕の敵でもあるということだ。

本当の勝利は、秩序に従っているだけでは獲得できない。秩序とは、現在支配している者の都合によって成り立っているからだ。新しい秩序を作るため、今の秩序を破壊するのは、並大抵ではできない。百人が百人、「ノー」と言っていても、意を決して立ち向かわなければならない時がある。秩序が壊れたほうが利益をこうむる人たちにも理解されないし、危惧される。それこそが戦いが持つ苛酷《かこく》な姿であり、それに耐えられるかで、結果が決まる。

吉本は同じ詩集の中で、こうもうたっている。

「ぼくはでてゆく　冬の圧力の真むかうへ　ひとりつきりで耐えられないから　たくさんのひとと手をつなぐといふのは嘘だから」

戦う人間にとって、吉本の詩ほど胸に迫り、鼓舞してくれるものはない。　見

二〇〇八年三月、サイバーエージェントが創業十周年を迎えた時、僕はブログにこう書きました。

「もし自分が反骨精神を失ったり、新しいことに挑戦する意欲をなくしたら、自分は潔く引退するべきだと思う」

これは僕の覚悟を表明したものです。実際、反骨精神や変化を恐れない姿勢をなくしたら、サイバーエージェントの経営者は退くべきだと思っています。

人間は放っておくと、すぐに安定を求め始めます。それは僕も、例外ではありません。ある程度の成功を収めると、居心地がよくなる。新しいことを始める大変さは、身に染みて知っているので億劫《おっくう》になる。また、周囲を巻き込んでしまっているので、失敗した時の悲惨さを想像すると、二の足を踏んでしまうのです。

しかし言うまでもなく、変化に対応しないこと、過去の栄光にすがることは、それ自体が原因となり崩壊を招きます。

そうならないためには、意図して、自分に強いプレッシャーをかける必要があります。十周年の時にブログで公言したのは、自分の弱い心の逃げ場をなくすことが目的です。

時とともに社会は変化し、歴史は容赦《ようしゃ》なく前に進んでいきます。そんなベルトコンベアの上を歩んでいるような状態で、足を止めると、自分は立ち止まっているだけだと思っても、実際には後退しているのです。

今までと同じことを繰り返すのは、後退するリスクを常にはらんでいます。

だから僕は、ちょっとしたことでも、当然のように今までのやり方を踏襲しようとする社員がいると、「本当にそれでいいのか」と問いかけます。

たとえば、社内の新規事業プランコンテストでも、社員旅行でも、担当を引き継いだ人は「そもそもそれをやる意義は何だったのか」から考え直してほしいのです。なぜなら会社もまた、動いているからです。社員は増えているし、いる人も変わっている。同じ人でも歳を取っています。一度立ち止まって考え直してみると、変えなくてはならない点が見えてきます。

考えるという行為は、「癖」だと僕は思います。逆に何も疑わず、流して、考えないのも「癖」。「考える癖」のほうをつけなければならない。その「癖」によって仕事の能力に差がつきます。

半年に一度、社員総会で発表するスローガンは、毎回、皆の意表を突くために趣向を凝らします。それは過去に成功したスローガンは踏襲しないという、僕なりのメッセージでもあります。

この本のタイトル『人は自分が期待するほど、自分を見ていてはくれないが、がっかりするほど見ていなくはない』も、前回ベストセラーになった『憂鬱でなければ、仕事じゃない』を引き継ぐ気がさらさらない潔さが感じられ、僕は気に入っています。藤

第六章

誰とも違う自分へ

今日は命を捨てる日さ

誰でも命は一番大事である。
しかし、それを捨てる覚悟を決めた瞬間、
人は何かに縛られていたことに気づく。
そこから解放された時、
人は不可能を可能にする力を得るのだ。

子供の頃、テレビでよく、アメリカの西部劇が連続ドラマとして放送されていた。『ララミー牧場』とか『ローン・レンジャー』とかいろいろあったけれど、中でも僕が一番熱中したのは、『コルト45』である。主役のウェイド・プレストンが、拳銃を売りながら、西部を旅するストーリーであった。その主題歌が、今も耳を離れない。

「荒れた西部の町から町へ、今日は命を捨てる日さ」

僕は毎朝、「今日は命を捨てる日さ」と思って、家を出る。もちろん、実際に命を捨てるわけではない。それほどの覚悟をして、毎日会社に向かうということである。

ビジネスは、一瞬たりとも気を緩めてはいけない。常に緊張を持続し、戦闘態勢で臨まなければならない。僕はいつも、決死の思いなのである。

出版社を経営していると、表現者や印刷、紙、広告などのコラボの相手、銀行や証券会社などと、戦わなければいけないこともある。そんな時、僕はこの歌を思い出す。

「わかった。その代わり、俺を殺してから行けよ。俺の屍《しかばね》を越えて行け」

俺の覚悟をなめるなよ、ということである。この気迫が相手をひるませ、譲歩を引き出す。

出版は今、誰もが認める斜陽産業である。業界全体が毎期、前年割れの右肩下がりだ。その中で、幻冬舎がここまで成長できたのは、僕がいつも大きなリスクを取ってきたからだと思う。

リスクとは僕にとって、失敗すれば端的に「死」を意味する。自分が経営する会社で大きな失敗をすれば、僕自身も身の破滅だからだ。しかし、死んでもいいと覚悟が決まったときに、初めて何かが動く。

リスクがなければ、大きな失敗はしないが、劇的な成功もない。劇的な成功が積み重なって会社は成長する。成長するのは、そんなにたやすいことではない。

僕が角川書店を辞めて一番学んだのは、そのことである。

角川で編集者をしていた頃、僕は〝喧嘩《けんか》見城〟の異名《いみょう》を取り、いろんな作家やメディアとやりあっていた。僕は臆病だが、肝心な時は相当腹が据《す》わっていたと思う。

それでもまだ、甘かった。大きな会社にいる限り、どんなに失敗しても、僕個人が破滅することはない。自分の作った本や雑誌が売れなくても、せいぜい出世に響く程度で、すべてが終わるわけではない。

覚悟を決めるとは、命を賭けることだ。経験したことのない人は、とても辛いことに思うかもしれない。しかし、覚悟を決めて、一つのプロジェクトを圧倒的努力でやり終えると、実際はとても清々しく、気持ちがいい。

覚悟が定まった時、自分の限界を越え、道は開ける。見

東日本大震災の後、結婚を決意するカップルが増えたと言います。津波や原発事故など、恐ろしいニュースが繰り返され、家族の大切さや、一人でいることの心細さが身に染みた人も多いのでしょう。

一見安定した日常生活がこんなにも脆《もろ》いと気づくとき、本当に大事なものが見えてくるのだと思います。

楽天の三木谷社長が起業を決意したのも、阪神・淡路大震災の直後だったといいます。三木谷さんは、将来を嘱望《しょくぼう》されたエリート銀行員でした。しかし、地震で身内の方が被災され、「いつ死ぬかわからないのだから、ちっぽけな今の立場を守っていても仕方がない」と銀行を辞め、起業されたといいます。

明日死ぬかもしれないと思えば、本当にやりたいこと、大切なことがはっきりします。不要なプライドや見栄があったことに気づくはずです。

しかし、人間は欲深いものです。安泰な日々が続くと、本当に大事なものを忘れてしまう。関係ないものに惑わされてしまうのです。

これまでも、強欲《ごうよく》になったため、消えていった経営者たちを何人も見てきました。多くの人が一度成功すると、起業した頃の初心を忘れ、欲にとらわれて、間違った選択を重ねてしまうのです。「会社を成長させたい」「こんな新しい価値を生み出したい」といった本来の目標を忘れ、金や権力、名誉といったものに惑わされてしまう。

欲とは、罠《わな》のようなものだと僕は思います。「ほかの誰かより金を増やしたい」「大きなものを意のままに動かしたい」「もっと名誉のある立場に就きたい」……こうした考えに取りつかれると、人はどんどん軌道を逸《そ》れていきます。それらは本来の仕事の目的とは何ら関係のないものです。

僕は彼らを反面教師にしながら、自分を戒め、仕事をしてきたところがあります。そして起業当初から、本当に大事なものを見失わないように常日頃から自分を律しています。

でも、三月十一日の地震の時、まず僕の心に浮かんだのは、会社ではなく、家族のことでした。

創業の頃は仕事がすべてで、その足枷になるなら結婚はすべきではないとさえ考えていました。しかし、社員の多くは結婚していて、大事な家族があります。僕も結婚して初めてその気持ちがわかるようになりました。それは経営者としての大きな成長だったと思っています。

自分にとって何が本当に大切なのかをはっきりさせることは、とても大事です。そこさえしっかり見据《す》えていれば、誘惑に負けることなく、ビジネスでも人生でも着実に歩みを進めることができるのではないでしょうか。

藤

悪名は無名に勝る

悪口は、放っておくのが一番いい。
人は興味があるから、悪口を言うのだ。
人の口に上ることは、
金のかからない最高の宣伝である。

「江川なら集客できる。彼は悪名高いが、悪名は無名に勝る」

この言葉は、読売新聞グループ代表渡邉恒雄氏が、江川卓を指して言ったとされるものだ。ナベツネは、球団幹部の了承を得ないまま、江川をヘッドコーチに就任させようとしていた。その結果、球団を私物化しているとして、当時の球団代表の清武英利氏に告発され、巨人軍の一連の騒動に発展したのである。

確かに、江川には「空白の一日事件」をはじめ、ダーティーなイメージがつきまとう。しかし、だからこそ彼は、伝説の投手となり得たのだ。

伝説は、悪名からしか始まらない。なぜなら、常識から外れることを、人は「悪」と呼ぶからだ。だが大きな成功は、常識の外にしかない。そこで結果を出すことにより伝説が生まれ、語り継がれてゆくのである。

織田信長、大塩平八郎、吉田松陰、高杉晋作といった僕の好きな歴史上の人物たちも、最初世に轟《とどろ》いたのは、常人には理解できない悪い噂だった。共同体の中に安住できず、世の中を変えようとする者は、規範から逸《そ》れざるを得ない。

常識とは、その時代の支配者たちにとって、都合よく作られたものでしかない。自分の信じたことをやり切ろうとすれば、どうしても人の道から外れてしまうのだ。

芸能界でも、大スターと言われる人ほど、悪い噂は絶えないものだ。美空ひばりや、勝新太郎もそうだった。何も成さない人には、悪名すらつかないのだ。

仕事もせずに、悪事に手を染めている奴は、ただの悪人である。悪名と悪人は、全く違う。悪名は、あくまで話のネタである。人の口に名が上り、語られることによって、いつの間にか、その人は伝説になるのだ。

僕の友人で、『ブルータス』の元編集者、小黒一三《おぐろかずみ》も、伝説を作った男の一人である。彼が取材でアフリカに行った時、経費を使いすぎて、領収書が足りなくなった。そこで彼は一計を案じ、撮影のために象を一頭買ったという架空の請求をしたのだ。小黒の提出した象の値段は、百万とも三百万とも言われている。もちろん領収書などない。しかし、そのことにより、小黒は出版界に名を馳《は》せた。もちろん彼が編集した「黄金のアフリカ」という雑誌界の歴史に残る特集とセットになっている伝説である。

僕も若い頃、怒ってすぐ人を殴るという噂が一人歩きして、「喧嘩見城」と言われていた。テレビによく出ている女性と付き合っていたために、写真誌にスクープされ週刊誌にもよくデタラメを書き立てられもした。頭角をあらわす者は必ず叩かれる。

人はいい話だけを語ってはくれない。話を面白くしようとしたり、妬《ねた》みや嫉《そね》みからその十倍二十倍、悪口を言うものだ。でも、それでかまわない。悪名を伝説に変えるためには、俎《そ》上《じょう》に載せられる痛みに耐えなければならない。

伝説ができれば、仕事は向こうから勝手にやってくる。

悪名とは、一つのビジネスモデルなのである。

㊋

インターネット業界の歴史を振り返ってみると、ネット企業に対する世の中の評価は浮き沈みを繰り返しています。

二〇〇〇年のネットバブルでは渋谷周辺はビットバレーと呼ばれてもてはやされたのに、バブル崩壊と同時に非難の対象となりました。二〇〇五年前後、ライブドアが注目された時期は〝ヒルズ族〟という言葉とともに注目を浴びましたが、二〇〇六年一月堀江さんが逮捕されると、再びバッシングに変わりました。

その後もｉモードの登場やブロードバンドの普及、ｗｅｂ２・０など、ネット業界周辺の話題は尽きません。今ならＳＮＳ、スマートフォン、グローバルといったところでしょうか。

僕は、いつもその時代の真ん中にいることを心掛けてきました。わが社もまたビットバレーの一社として注目され、僕自身もヒルズ族と呼ばれました。でも注目された分だけ、バッシングも受けます。特に、ネットバブル崩壊後のバッシングは、ある程度覚悟していたつもりでしたが、想像をはるかに上回るものがありました。まだ中身が伴っていない二十代半ばの経営者が、史上最年少上場社長として持ち上げられた分、そのツケは強烈でした。

それほど痛い目に遭ったのに、今でも時代の波に乗っていこうと考えているのは、乗らなかった場合のデメリットが大きいからです。

経営者がマスコミの取材を受けていると、「目立つからたたかれるんだよ」という人がいます。そういう人は、目立っている時に得られるメリットの大きさを過小評価しているのではないでしょうか。注目を浴びれば、客が増えて、採用も有利になり、取り引きを希望する企業も増え、社内も活性化します。特にネットビジネスはサイトに来てもらえないと始まらないので、会社の知名度が上がることはとても大事です。モバゲーやグリーが大量にテレビCMを流していることからも、それはわかると思います。

ネット業界が注目されている時期に露出を避けていた経営者は、たたかれることもなかったけれど、結局は何者にもなれず、そのほとんどは姿を消しています。

特にまだ資金力のないベンチャー企業なら、チャンスがあれば取材は喜んで受けるべきでしょう。本当は、注目されることすら難しいのですから。

これは、若いビジネスマンにも言えることだと思います。チャンスがあるなら、社内外に自分を売り込むべきだと思います。マスコミの取材を受ける機会はなくても、今ならツイッターやブログで簡単に自分をアピールできます。

知名度が上がれば、仕事がやりやすくなる。会いたい人に会えるし、こちらから働きかけなくても向こうから会いに来てくれることもある。自分を多くの人が知っているので、何かにつけスムーズに事が運ぶ。会合があっても、扱いが全然違う。

しかし、その代償として悪名は覚悟するしかありません。精神的ダメージとメリットを天《てん》秤《びん》にかけて、どちらを選ぶべきか自分で判断すればよいのです。㊦

死ぬ瞬間にしか結果はない

心の中には「自分はどう考えるか」と
「人はどう思うか」が、いつも複雑に絡《から》み合っている。
前者を選《よ》り分けるための一番簡単な方法は、
人生を終わりから眺めることだ。

僕は、さだまさしの歌が嫌いだった。たまにラジオから聞こえてくる『関白宣言』など、所帯じみた貧乏臭い感じがして、好きになれなかった。坂本龍一や尾崎豊、ユーミンのほうが、僕にはしっくりくると思っていた。

しかしある時、さだまさしと仕事をしなければならなくなった。仕方なくCDを買い、歌を聴いて、僕は我ながら驚いた。涙があふれ、止まらないのだ。

彼の歌は、小さく生き、小さく死んでいった、名もなき人たちの心の声だ。抜きん出る能力もなく、また目立とうとも思わない無名の人々の後ろ姿を歌っている。精一杯誠実、かつ懸命に生きている彼らの足音やため息、咳払いが、さだまさしの歌の中にはあった。

『無縁坂』や『秋桜《コスモス》』もすごいけれど、特に僕の魂を震わせたのは、『風に立つライオン』という曲だ。メロディも詞も胸に染み入ってくる。

歌の主人公は、恵まれない人々を救うため、アフリカの僻地《へきち》へ渡った実在の医師である。彼は恋人に別れを告げ、医療に人生を捧げる覚悟で、ケニアへと旅立った。三年後、恋人から届いた手紙には、「今度、結婚します」と書かれていた。その手紙に対する医師の返信が、そのまま歌詞になっているのである。

「突然の手紙には　驚いたけど嬉しかった／何より君が僕を怨んでいなかったということが／これから此処で過ごす僕の毎日の大切なよりどころになります／ありがとう　ありがとう

（中略）

診療所に集まる人々は病気だけれど／少なくとも心は僕より健康なのですよ／僕はやはり来てよかったと思っています／辛くないと言えば嘘になるけど　しあわせです（中略）

空を切り裂いて落下する滝のように／僕はよどみない生命を生きたい／キリマンジャロの白い雪／それを支える紺碧の空／僕は風に向かって立つライオンでありたい」（後略）

『風に立つライオン』は、恋人より、アフリカの恵まれない人たちに尽くす仕事を選んだ男の心情を歌っている。小さな人間の大きな決意が、生き生きと伝わってくる。

人生の価値は、死ぬ瞬間に決まる。それを決めるのは、ほかの誰でもない、自分なのである。どんなに苦労しようと、人に不幸と言われようと、自分がそれでよかったと思えばいいのである。『風に立つライオン』の主人公は、最期に決まる人生の価値のために決意をしたのだ。僕もまた彼のように、「風に立つライオン」でありたいと願う。

歴史は為政者や偉人が作るのではない。無数の名もない人によって、作られる。その人たちはめいめい人生の岐路で、素朴だが、自分の気持ちに忠実な決断をした。

特に3・11以降は人々の間で、こうした根源的な思いに立ち返ろうという気運が強くなっている気がする。その思いが結集して、日本が再生しつつある。

人生の価値は、死の瞬間にしか決まらない。それを決めるのは他人ではなく、自分なのだ。そう思っていれば、少々のことでは気持ちは揺るがないはずだ。㊊

周りから大反対を受けても、自分が決めたことなら、それで失敗しても、「仕方ない」と納得できる。僕は人生において、この納得が何より大事なのだと思います。

就職、転職、結婚——。人生の大きな岐路に立つと、人はいろいろなことを言います。

「あの会社はやめたほうがいい」「あんな奴と結婚しても、不幸になるだけだ」……。

それぞれ自分の立場から、相手のためを思って言っているには違いない。でも、結局は、本人が決めること。もし、自分の思いに従ってではなく、人の意見を聞いて失敗したら、いつまでも後悔がつきまといます。

とくに若い頃は経験が少ないので、何を決断するにも、材料が乏しい。その決断一つで、人生がガラッと変わってしまう。とても怖いことだけど、それでも自分の気持ちに素直に決めたほうがいい。少なくとも僕はそのように仕事を選び、人生を決めてきました。

自分の考えが少数派だった場合、孤独な決断を強《し》いられます。僕の好きなラッパーRUMIの『迷子』という曲に、「比較で生まれる価値観なんて、己と向き合えば無価値も同然」という歌詞があります。自分の選んだ道が正しいと思うのであれば、周囲が何と言おうが関係ないのです。

ただし、言葉で言うのは簡単ですが、現実はかなり厳しい。周囲の反対を押し切るように決めた場合、結果が出るまでの長い年月は失敗とみなされるからです。

世の中からも身内からも批判され、本人も「これでいいのか?」と迷った時に落とし穴が待っています。

不安という最大の敵に負けてしまうのです。

そんな時、選ばなかったもののほうがよく思えることが、しばしばあります。「会社を辞めなければよかった」とか「親の言うことを聞いておけばよかった」とか……。

こんなふうに考えることほど、無意味なことはありません。もし、ほかの選択肢のほうがよかったとしても、後戻りはできないからです。

将棋で対局が終わった後、棋譜《きふ》を見ながら、解説者がいろいろ分析をします。その時、もっといい手があったことがわかることがあります。将棋はまた次の対局がありますが、一回きりの人生でふりだしに戻ることはありません。

僕はベンチャー投資を決める際、社長に覚悟が足りないときや、他人任せの姿勢が少しでも見えたら見送ることにしています。信念を貫くのは、容易なことではないのです。

自分が決めたことをやり抜いて成功したら最高の人生だし、失敗しても納得がいきます。最期までは、すべてプロセスにすぎない。

「死ぬ瞬間にしか結果はない」と心に念じ、孤独に耐え、意地を貫けば、必ず人生に対する満足が得られると思います。

藤

絶望しきって死ぬために、
今を熱狂して生きろ

絶望とは、あやふやな望みや
自分への甘えが断たれた状態である。
つまり、絶望しきることとは、
曖昧なものを一切排した、
晴れやかで揺るぎない境地に達することなのだ。

アンドレ・ジッドの『地の糧《かて》』は、僕の蔵書の中でも、最も過激な本である。百年以上前に出版されたこの長い自由詩には、生きるということの本質がしるされている。歳月を経て、黄色く変色したこの文庫本を、僕はこれまで幾度となく読み返し、そのたび勇気をもらってきた。

「行為の善悪を《判断》せずに行為しなければならぬ。善か悪か懸念せずに愛すること。

ナタナエル、君に情熱を教えよう。

平和な日を送るよりは、悲痛な日を送ることだ。私は死の睡《ねむ》り以外の休息を願わない。（中略）私の心中で待ち望んでいたものをことごとくこの世で表現した上で、満足して——或いは全く絶望しきって死にたいものだ。」（今日出海訳）

還暦を過ぎてから、死について考えることが増えた。鬼籍《きせき》に入った友人も多い。親しかった人の訃報《ふほう》を聞くたび、僕は自分が経てきた日々の長さに呆然《ぼうぜん》とする。

僕は、自分の寿命を七十歳と勝手に決めている。今何をするべきかを、明確にするためだ。僕は六十一歳になったので、残された時間はあと九年しかない。どの仕事をするか、会社をどの方向に進めるか、誰と過ごすか、どの本を読むか……。限られた時間の中では、何事もよく考えて選択しなければならない。一回の食事さえも、おろそかにできないのであ

る。

　生まれる時と死ぬ時だけ、人はみな平等である。何一つまとわず裸で生まれ、そこから人生が始まる。そして、富める者にも貧しい者にも、有名な者にも無名な者にも、死は等しく訪れる。

　事故でも、病気でも、寿命でも、死ぬことはきっと苦しいだろう。その際、人が最も恐れるものは、肉体的な苦痛ではない。自己の消滅である。僕は楽に死にたいとは思わない。絶望しきって死にたいと思うだけだ。

　やりたいことを全部してから死ねば、満足だろう。しかし、そんな人間はいるわけがない。何一つ悔いのない人生など、あり得ない。誰にもやり残したことがあるだろう。

　死神が大鉈《おおなた》を振るう時、僕はあれもできなかった、これもできなかったと、絶望しきって死んでいきたい。そのためには、生きている時、人生に圧倒的努力と情熱を注ぎ、熱狂しなければならない。力の限り戦わなければ、絶望しきって死ぬことはできない。ほどほどの人生を送った人間は、絶望しきれない。ただ絶望して死ぬだけである。

　辛く憂鬱な仕事と逃げることなく向き合い、悲痛な日々を送らなければならない。そうすれば、死の瞬間、絶望しきった意識の中で、「まあ、よくやったよな」とかすかに微笑《ほほえ》むことができるだろう。

　絶望しきった果てには、きっと微笑がある。それを信じて今日も僕は、仕事に熱狂する。㊂

見城さんの引用したアンドレ・ジッドの「善か悪か懸念せずに愛すること」という言葉が、僕にすごく響きました。情熱を注ぐとは、まさにこういうこと。自分が好きと思えるかどうかがすべてです。邪念が入ってはいけない。

新しい事業を立ち上げるときも、そうだと思います。儲かりそうだとか、よそがうまくやっているとか、そんな邪念を抜き去って熱中することが大事です。そうでないと、成功はおぼつかないのではないでしょうか。

僕は会社を始めた頃、毎日朝から夜中の二時まで働きました。土日も休まなかった。週百十時間も働いていました。その頃は、仕事以外何もしていなかった。美味しいものを食べたいとも思わなかったし、恋愛にも興味がなかった。海外旅行に行く友達に「忙しくてかわいそうだね」と言われても、まったく気になりませんでした。会社を大きくすることだけに熱中し、それが正しいかどうかを考え直すことさえなかった。普通の人生で得られる普通の幸せは、ある意味あきらめていました。

当時、若い起業家として受けたインタビューで「不安はないですか？」と聞かれると、いつも「これでダメだったら仕方ないと思えるくらいやっているので」と答えていました。

圧倒的に努力し、集中し、持てる力のすべてを出しきって、それでもダメだったら、確かに望みは絶たれます。でも、それなら悔いはなく、清々しい気持ちで最後は自分に誇れると思います。

会社を設立して三年半経った二十八歳の時、どうにもならない窮地に立たされ、精神的にも追い詰められて、僕は会社を売る決心をしたことがあります。

すべての希望を会社に賭けていたので、僕は初めて目の前が真っ白になるという経験をしました。あれが絶望の瞬間でした。でも、ゼロからまた這《は》い上がって来られたのは、死力を尽くしていたので、自分に恥じることがなかったからだと思います。そしてどん底から何かを学べたに違いありません。

もし中途半端で、全力を出しきれていなければ、悔いのあまり死んでも死にきれない気持ちになっていたでしょう。何より自分に対して納得がいかなかったと思います。

甲子園の高校球児や四年に一度しか出られないオリンピック選手が敗退した時、人々の心を動かすのは、彼らが何年も欲望に目もくれず、すべてをそこに賭けてきたからではないでしょうか。

目先の欲望を満たすことに執着してもきりがありません。もしかしたら僕などは、若くして会社を成功させ、結果的に欲望をかなり満たした部類に入るのかもしれない。でも、欲望など満たしたところで、さしたる満足はないこともよく知っています。

人生で何より辛いのは、欲望を満たせなかったことではなく、夢を叶えられなかったことですらなく、悔いを残したまま一生を終えることではないでしょうか。㊧藤

生きることは
死ぬことと見つけたり

誰もが生に強い執着を持っている。
しかしその執着は、一方で心を不安定にしたり、
不自由にしたりする。
そこから離れることこそが、
よりよく生きることにほかならない。

八歳の時、近所のよく知っている人が急に亡くなったことがある。僕は、一日中涙が止まらなかった。その人の死が悲しかったのではない。「いつか自分も死ぬんだ」ということに突然気づいたのだ。それは雷に打たれたような啓示だった。

その時僕の中に、死に対する強い恐怖が生まれた。それから死というものが、ただでさえ臆病な僕を、ずっと脅《おびや》かし続けた。

しかし今、還暦を過ぎた僕のすぐ隣には、いつも死がある。年に何度か、友人の訃報《ふほう》を知らされる。結局、みんな死ぬために生まれてきたのだ——。そう思うようになってから、死の恐怖は、少しは和《やわ》らいだ。

若い頃は、死にリアリティーを感じることができない。誰もが死をはるか彼方に置いている。人生は永遠であり、希望にあふれた未来に向かって前進しているように思っている。

しかし、それは違う。本当は、限りある生を消費しているだけなのだ。生きるということは、死ぬまでの時間潰《つぶ》しでしかない。何人《なんぴと》も死からは逃れることができない。それは生まれた瞬間に誰もが背負う、宿命なのである。

古今東西、誰もが死を恐れてきた。あらゆる恐怖のうち、死に勝るものはない。例えば、古代中国の皇帝たちは、莫大な費用を投じて、遠い異国まで不死の薬を求めたりした。

でも、死は、そうまでして恐れるべきものなのだろうか？

例えば、平安時代、うららかな日差しのもと、狩衣《かりぎぬ》に身を包んだ青年貴族たちが、のどか

に蹴《け》鞠《まり》に興じているとしよう。そのうちの一人は、内面が僕に酷似《こくじ》している。僕と同じように感じたり考えたりするその青年は、自分はいつか死ぬんだという想いにふととらわれて、動きを止めたかもしれない。

　それから僕の生まれる一九五〇年十二月二十九日までは、実は一瞬ではないのか。その千年の間、人は生き、人は死んだのである。その間、僕は存在しなかった。僕が死んでからも、永遠に時は続く。千年後も一万年後も、いつかやってくる。「死」とは自分の存在しない時間のことである。そこに還ってゆくだけなのだ。

　そう考えると、生と死の間に、さほど大きな価値の違いはなくなる。つまり、生きていることと死んでいることは同じとも言える。僕は、還暦を迎える数年前から、そう思うようになった。

　人間にとって最大の恐怖は、死である。それを克服すれば、もう怖いものはなくなる。死という最大の恐怖と折り合いがついた時、腹はどっしりと据わる。死んでもいいと、心が定まれば、仕事での失敗、失恋、病気や借金、肉親との死別……、どのような困難が降りかかっても、さほど動揺しなくなる。

　生きるということは、死と同居することなのだ。

見

雑誌『ゲーテ』二〇一一年二月号の、「死ぬまでに果たしたい人生50の夢リスト」という特集に、僕も参加させていただきました。

以前、見城さんが登場していたページを見たことがあって、それがすごく面白かったからです。静岡県知事になって熱海を地中海のニースみたいにしたいとか、モデルの悠美《ゆうみ》さんと二人きりで食事してみたいとか、読んでいるだけで元気になるような夢がたくさん書いてありました。夢を持って生きている人は、いくつになっても魅力的です。

僕はこの50のリストを作るのに、かなり時間をかけました。ちょうど休暇で、ハワイ旅行中に作成したのですが、妻ともゆっくり話し合いながら、真剣に考えました。そして今思えば、それを考えたことが、僕にとって、とても意味のあることだったと感じています。

僕は二十六歳でわが社を上場し、若くして財産を築きました。その頃ある人から、「そんな若いうちから、すごい家に住んだり、高級車に乗ったりしていると、人生で楽しいことがなくなるよ」と言われたことがあります。その時は何とも思いませんでしたが、実際に物質的なものを手に入れる喜びはほとんどなくなってしまいました。すごく寂しい話ですが、本当のことです。

でも、そんな特殊で恵まれた環境に置かれたからこそ、お金で手に入るかどうかは関係なく、自分にとって本当に大切なものを見つめ直すことができました。

「死ぬまでに果たしたい人生50の夢リスト」の作成は、一度立ち止まって、自分の人生でやりたいことを取捨選択するいい機会になりました。人生の残り時間と自分の価値観を照らし合わせると、優先順位が見えてくるからです。

「同世代で大企業の社長に出世するような人が出てきたら友達になりたい」「今コレクションしているワインを、健康なうちに飲みきりたい」「子供ができて、男の子なら起業家の英才教育を施したい」「胸に秘めた怒りや葛藤を表現したラップ曲を作りたい」……。

リストを読んだ人の助けもあって、そのうちのいくつかは早くも実現しました。

五年後、十年後にリストを作れば、また新しい夢が浮かぶかもしれません。

でも僕の最大の夢は、「二十一世紀を代表する会社を創る」こと。自分の人生を、そこに賭けているつもりです。僕にとって仕事と人生は、ほとんど同じといっても過言ではありません。

この本は、前作と比較すると、人生論の色合いが強くなりました。それはビジネス論を深めてゆくと、どうしても人生という問題に突き当たるからです。

この本が、読んでいただいた方にとって、自分の仕事を振り返り、改めて人生について考える機会になればと思います。そして、よりいい仕事をし、よりいきいきした人生を送るためのヒントになれば、これほど嬉しいことはありません。

藤

あとがき

見城　徹

普段、藤田君と僕は、ベタベタした付き合いをしているわけではない。電話でも滅多《めった》に話さないし、食事に行くのは年に二、三回ぐらいだ。

しかし、僕は彼のことを心から信頼しているし、親子ほど歳は離れているけれど、最も大切な友人の一人だとも思っている。

この正月、ハワイで僕はたまたま藤田君に出会い、初めて彼とゴルフをした。

藤田君のプレースタイルは興味深かった。最初のドライバーは、思いっきり豪快に打つ。フェアウェイをキープすれば、僕より七十ヤードほど先にボールが飛んでいる。当然、曲がればOBにもなるし、とんでもない方向にボールが行くこともある。

しかし、グリーンまわりのアプローチになると、とても慎重になる。グリーンに乗る前から、そこが五ヤード以内で、砲台グリーンでなければ、彼はパターを使う。アイアンで打つほうがいいに決まっているが、アイアンではミスする可能性も高い。確実にカップに近づけられるのは、やはりパターなのだ。したがって、彼がアプローチで失敗することは、皆無に近かった。

ゴルフには、人柄が出るものだ。藤田君のゴルフスタイルは、彼のビジネスと似ている。最初は思い切りよく大きな冒険をする。しかし、到達点が見えてくると、ミスを最小限に抑える方策を取るのである。

近年IT関連のベンチャー起業家が次々に登場し、その多くが表舞台から消えていった中、なぜ若い藤田君が生き残り、飛躍できたのか。その理由を、僕は彼のゴルフのスタイルに見た気がした。

ゴルフを一緒にすると、また別の意味でも人柄がよくわかる。コースを回りながら長時間ともに過ごすので、人間性の細かいところまでおのずと見えてくるものだ。

藤田君は口数が多くなく、気の利いた冗談を言うわけでもない。しかし彼といると、とてもくつろいだ、心地よい時間を過ごすことができる。他者への気遣いも忘れない。

大きな会社の経営者には、老獪《ろうかい》な人物が多い。また、そうでなければ、厳しいビジネス社会で生き残り、伸びてゆくことはできないだろう。

もちろん藤田君にも、戦略家的な一面はある。なにしろ百四十億の経常利益を出す会社の経営者なのだ。しかし、彼はいつも等身大で、狡猾さをみじんも見せない。またベンチャー起業家は、強いハングリー精神を抱き、のし上がろうとするあまりエゴイスティックな側面が顔を出す場面も多いが、藤田君にはそうした野心満々のところが全くない。要するに、懐《ふところ》の深い、信義に厚い男なのだ。だから、信用できる。

今回の『人は自分が期待するほど、自分を見ていてはくれないが、がっかりするほど見ていなくはない』は、前回の『憂鬱でなければ、仕事じゃない』の第二弾である。

大体僕は、続編や第二弾というものが好きではない。本文にも書いたように、「柳の下のドジョウ」をねらうことは、編集者として安易だと思うからだ。

『憂鬱でなければ、仕事じゃない』と『人は自分が期待するほど、自分を見ていてはくれないが、がっかりするほど見ていなくはない』は、僕の投げた言葉に対して、藤田君がレスポンスする形を取っている。僕は前回、一章ずつ上がってくる藤田君の原稿を読むのが楽しみでならなかった。何と見事な返しだろうと、つくづく思った。

僕は、以前から藤田君の静謐《せいひつ》さや、歳に似合わない安定感に敬意を抱いていたが、上がってくる原稿を読むにつれ、それはますます強くなった。

藤田君には、まだまだ奥がある。それを引き出したいというよりは、僕自身が知りたいと思った。担当編集者の原田隆君の熱心な要請もあったが、藤田君へのその思いが、今回の本の実現につながった。

前回に続き、今回の本の中でも、藤田君は受け身の立場だった。受け身に徹するのは、大変難しい。思いつくまま、どこに投げるかわからない僕のボールを、ある時は正面で、ある時は身を翻《ひるがえ》してキャッチし、そこに自己表現を加えながら正確に返球する。

そうした彼の対応力、洞察力、そして包容力は本書を読めば一目瞭然である。

藤田君と本書を手に取ってくれた読者を想う時、僕は一篇の詩を頭に浮かべる。

ちひさなやさしい群よ／昨日までかなしかつた／昨日までうれしかつたひとびとよ

吉本隆明『転位のための十篇』の中の「ちひさな群への挨拶」と題された詩は、十数行を経て、

ぼくはでてゆく／冬の圧力の真むかうへ／ひとりつきりで耐えられないから／たくさんのひとと手をつなぐといふのは嘘だから

と続く。

本書を「昨日までかなしかつた、昨日までうれしかつたひとびと」に捧げたい。昨日までかなしかった、昨日までうれしかったひとびとよ。『人は自分が期待しているほど、自分を見ていてはくれないが、がっかりするほど見ていなくはない』と歯を食い縛って、生きるしかないではないか。

そうやって僕も、そして多分藤田君も懸命にここまで来た。僕たちも君たちと同じ歯を食い縛って生きるひとりびとりだ。季節は巡り、悲しみも喜びも染め上げて、人生は過ぎてゆく。

いつの間にか六十一歳になってしまった。今日と違う明日のために、どんなに辛くとも戦いをやめるわけにはいかない。

吉本隆明の詩はなおも続く。

ちひさなやさしい群よ／みんなは思い出のひとつひとつだ／

ぼくはでてゆく／嫌悪のひとつひとつに出遇ふために／ぼくはでてゆく／無数の敵のどまん中へ

本書は、前作の第二弾であると同時に、六十一歳になった僕の新たな闘争宣言でもある。僕も出てゆく。無数の敵のど真ん中へ――。

今回も構成を引き受けてくれた前田正志君のお世話になった。前田君。藤田君と僕は、君をしっかりと見ているよ。

追記

本書の「あとがき」のゲラを責了した瞬間の三月十六日未明、吉本隆明さんの訃報に接し、ベッドに突っ伏して泣いた。

僕の生きるという営みの根源には、いつも吉本さんの言葉があった。『転位のための十篇』や『マチウ書試論』を紡《つむ》いだ反逆のパトスと苛烈《かれつ》なロゴスが、今、地に還る。――合掌。

きみたちはいつぱいの抹茶をぼくに施せ
ぼくはいくらかのせんべいをふところからとり出し
無言のまま聴かうではないか

――『転位のための十篇・その秋のために』

ひとつの暗い影がとおり、その影はひとりの実在の人物が地上をとおり過ぎる影ではない。ひとつの思想の意味が、ぼくたちの心情を、とおり過ぎる影である。

——『マチウ書試論』

見城 徹

一九五〇年静岡県生まれ。慶應義塾大学法学部卒業。七五年角川書店入社。九三年同社を退社し、幻冬舎を設立。二〇〇三年ジャスダック上場。二〇一一年MBOにより上場廃止。著書に『編集者という病い』『異端者の快楽』など。藤田晋との共著に『憂鬱でなければ、仕事じゃない』がある。

藤田 晋

一九七三年福井県生まれ。青山学院大学経営学部卒業。九七年インテリジェンス入社。九八年同社を退社し、サイバーエージェントを設立。二〇〇〇年史上最年少二十六歳で東証マザーズ上場。著書に『渋谷ではたらく社長の告白』『藤田晋の仕事学』『藤田晋の成長論』など。

人は自分《じぶん》が期待《きたい》するほど、自分《じぶん》を見《み》ていてはくれないが、がっかりするほど見《み》ていなくはない

二〇一二年四月一一日　第一刷発行

著者　見《けん》城《じょう》徹《とおる》
藤《ふじ》田《た》晋《すすむ》

発行者　鈴木哲
発行所　株式会社　講談社
東京都文京区音羽二丁目一二―二一　郵便番号一一二―八〇〇一
電話　編集〇三―五三九五―三五三二
販売〇三―五三九五―三六二二
業務〇三―五三九五―三六一五
印刷所　慶昌堂印刷株式会社
製本所　株式会社　国宝社
落丁本・乱丁本は購入書店名を明記のうえ、小社業務部あてにお送りください。
送料小社負担にてお取り替えします。
なお、この本の内容についてのお問い合わせは生活文化第三出版部あてにお願いいたします。
ISBN978-4-06-217641-5
定価はカバーに表示してあります。